조금 천천히 쉬어가도 좋은

_____ 에게

신경 쓰지 않고 나답게 사는 법

둔감력 수업

둔
감
력
수
업

신 경 쓰 지 않 고 나 답 게 사 는 법

우에니시 아키라 지음
정세영 옮김

달
북

둔감해지는 능력, 둔감하게 살아가는 능력이 나날이 중요해지고 있습니다. 현대 사회에서 스트레스 없이 살아가기란 쉽지 않기 때문이지요.

현대인들은 주위 사람들과 치열하게 경쟁해야 합니다. 혹독한 생존 경쟁에서 살아남기 위해 끊임없이 자신을 채찍질해야 합니다. 때로는 불편한 사람과 관계를 맺기도 하고, 업무적으로 부당한 대우를 받아도 참아야 합니다. 그러나 이렇게 노력해도 살아남기란 쉽지 않습니다.

민감한 사람은 이런 심리적 압박감과 스트레스를 이겨내지 못합니다. 세상이 자신을 억누르는 듯 가슴이 답답합니다. 이런 사람들에게는 살아가는 재미가 없습니다. 그저 이를 악물고 간신히 버틸 뿐입니다.

이런 스트레스 사회에서 여유롭게 살아가려면 **좋은 의미의 둔감함**이 필요합니다.

다른 사람과 경쟁할 때도 강 건너 불구경하듯 느긋하게 받아들이는 둔감함.

사람들과 작은 트러블이 있어도 마음에 담아 두지 않는 둔감함.

누군가 자기를 욕해도 상처받지 않는 둔감함.

심리적인 압박을 받아도 아랑곳하지 않고 넘기는 둔감함.

이런 좋은 의미의 둔감함을 갖추면 편안한 마음으로 씩씩하고 힘차게 살아갈 수 있습니다.

분명 '둔감하다'라는 말은 좋게 들리지 않습니다. 우리는 둔감하다는 말을 들으면 보통 둔하다, 미련하다, 무신경하다, 굼뜨다와 같은 부정적인 이미지를 떠올립니다. 그래서 둔감해지고 싶다고 생각하는 사람은 거의 없죠. 하지만 둔감해진다는 것은 아주 근사한 일입니다. 실제로 둔감하게 살아 보면 얼마나 멋진 일인지 금세 깨달을 수 있습니다.

둔감해지라는 말은 바보처럼 살라는 말이 아닙니다. 작은 일로 초조해하지 말라는 의미입니다. 이래도 그만, 저래도 그만인 일로 근심하지 말라는 뜻이지요.

늘 생기 있는 표정으로 자잘한 걱정 따위는 가볍게 넘기는 사람이라면 둔감해질 필요가 없을지도 모릅니다. 하지만 작은 일에 혼자 애태우고 속상해하는 사람이라면 조금 둔감해지는 게 좋습니다.

지금보다 조금만 둔감해지십시오. 훨씬 자유롭고 편안하며 느긋한 삶을 살아갈 수 있습니다. 자신의 장점을 한껏 발휘하며 활기차고 자기다운 삶을 누릴 수 있습니다. 모든 일을 당차고 씩씩하게 헤쳐 나갈 수 있습니다.

저는 이 책에 '고민이 너무 많아 고민'인 사람에게 둔감력을 키워줄 여러 조언을 담아 두었습니다. 여러분이 지금보다 더 행복해지는 데 제 조언이 조금이나마 보탬이 되길 바랍니다.

… 우에니시 아키라

목차

/ 제1장 /

예민한 마음에 삶이 힘들다고 느껴진다면?
조금 둔감해지는 것만으로도
인생이 당당해집니다

주변에 함께하기 불편한 사람이 생겼다면?

마음이 둔감한 사람은 인간관계에 얽매이지 않습니다

고민이 꼬리에 꼬리를 물고 이어진다면?

고민에 둔감해질수록
인생과 일이 술술 풀립니다

얼굴 빨개지는 일을 마주했다면?

불쾌한 일은 담아두지 않고
그날 안에 잊어버립니다

분노라는 감정을 이겨내기 힘들다면?

대범한 사람은 사소한 일에
반응하지 않습니다

욕심이라는 빠져나오기 힘든 함정에 빠졌다면?

지나치게 애쓰지 않고
자기 호흡을 유지합니다

제1장

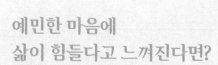

예민한 마음에
삶이 힘들다고 느껴진다면?

조금 둔감해지는것만으로도
인생이 당당해집니다

많이 실패한 사람일수록
성공할 확률이 높아집니다

심리학에는 이런 연구 결과가 있습니다.

축구 선수가 골대를 향해 슛을 날립니다. 그런데 공이 골대를 비껴가거나 골키퍼에게 막히고 말죠. 이렇게 골을 넣지 못하면 선수는 골대를 더 좁게 느끼거나 골키퍼의 체격을 더 크게 느끼는 심리적 경향이 있다고 합니다. 그래서 처음 슛을 했을 때보다 더 골을 넣기 어렵다고 생각한다더군요. 다음에도 똑같은 실패를 할 확률이 높다고 여기는 것이죠.

비슷한 일은 일상에서도 자주 일어납니다. 어떤 일에 실패하고 나면 그 일이 전보다 더 어렵게 느껴집니다. 한 번 더 시도하려고 할 때 '같은 실패를 반복하지 않을까?' 하는 걱정이 앞서죠. 특히 심리적으로 예민해서 실패를 곱씹으며 괴로워하는 사람일수록 그런 경향이 더욱 강합니다.

이미 실패한 일을 지나치게 고민하며 힘들어하지 말고 조금 둔감해지는 건 어떨까요? '같은 실패를 되풀이하면 어쩌지?' 하고 걱정하는 이유는 지난 실패를 마음속에 계속 담아 두기 때문입니다.

'지난번 실패 경험을 발판으로 삼자. 그러면 성공할 확률이 훨씬 높아질 거야.'

이런 긍정적인 마음가짐이 중요합니다.

누구나 인생이라는 길을 걷다 보면 넘어질 때가 있습니다. 이때 다시 일어서기 위해서는 실패를 좋은 경험으로 받아들이는 둔감한 마음의 힘이 필요합니다.

둔감한 마음을 가질수록
밝고 힘차게 살아갈 수 있습니다

보통 '둔감하다'는 말에는 좋은 의미가 별로 없습니다. 하지만 둔감한 게 더 나을 때도 있습니다. 특히 눈코 뜰 새 없이 바쁘고 스트레스가 많은 현대 사회에서는 조금 둔감해야 행복하고 에너지 넘치는 삶을 누릴 수 있죠.

신경이 날카롭고 예민한 사람은 작은 실수에도 한없이 좌절하고, 사소한 인간관계 문제에도 끝없이 고민합니다. 심지어 좌절과 고민이 너무 심해서 건강을 해치기도 합니다. 우울증 같은 마음의 병은 바깥에서 오는 게 아닙니다. 바로 자신의 마음속에서 찾아오죠.

민감한 사람일수록 스트레스를 더 많이 받는 경향이
있습니다. 그런 사람은 작은 일에 끙끙거리기보다는
조금 둔감해지자고 마음먹는 게 중요합니다.

둔감하다는 말은 남보다 부족하거나 어리석다는 게
아닙니다. **'느긋하게 살아간다'**는 뜻입니다. 이래도 그
만, 저래도 그만인 일로 애태우지 않고 활기차게 즐거
운 삶을 살아간다는 뜻이지요.

이렇듯 둔감하다는 말에는 긍정적인 의미가 담겨 있
습니다.

> 사소한 문제를 반복해서 고민하다 보면 마
> 음의 병으로 이어지게 마련입니다. 고민이
> 끝나지 않을 땐 '조금 둔감해지자.' 하고 마
> 음먹어 보세요.

일이 생각대로 풀리지 않더라도
'어떻게든 되겠지.' 하고 마음먹습니다

인생을 살다 보면 내 맘대로 흘러가지 않는 일이 한둘이 아닙니다. 일, 인간관계, 연애, 돈……. 사실 뜻대로 풀리지 않는 일이 더욱 많죠.

일이 꼬이기 시작하면 누구든 괴로워지게 마련입니다. 한 번 꼬인 일은 다음 일에도 부정적인 영향을 미쳐 나쁜 일이 반복되게 만들지요. 그럴 때는 '때가 되면 어떻게든 되겠지.' 하고 느긋하게 생각하는 편이 낫습니다.

뜻대로 되지 않는 일을 마음에 쌓아 두는 건, 기운을 되찾고 일어나 앞으로 나아가는 데 걸림돌이 될 뿐입니다. **절망에 찬 마음으로는 '최선을 다해 보자!' 하는 의욕이 생겨나지 않지요.**

비록 삶이 내 맘 같지 않더라도, 밝고 힘차게 살아가려면 '열심히 하면 어떻게든 되겠지'라는 긍정적인 마음가짐이 중요합니다.

물론 민감한 사람은 아무리 노력해도 긍정적으로 생각하기가 쉽지 않습니다. 풀리지 않는 일에만 신경이 쏠리기 때문이죠.

'더는 못하겠어.'

'이게 내 한계야.'

'내 능력으로는 불가능해.'

이렇게 부정적인 방향으로만 생각이 치우치기 쉽습니다.

그런 의미에서 보자면 조금은 둔감하게 살아가는 게 현명하지 않을까요? 둔감한 사람은 일이 잘 안 풀려도 크게 고민하거나 낙담하지 않습니다. '어떻게든 되겠지.' 하며 여유롭고 느긋하게 받아들이고 담담히 노력해 나가죠. 둔감력을 익히면 뜻대로 되지 않는 일투성이여도 행복하게 지낼 수 있습니다.

'더는 못하겠어. 이게 내 한계야!' 하며 절망하지 마세요. 세상일은 자신이 마음먹은 대로 움직이게 마련입니다.

두둑한 배짱을 가지고
과감하게 행동합니다

새로운 일에 도전할 때면 많든 적든 잠재된 위험, 즉 리스크가 따르게 마련입니다. 도전하는 사람은 일을 실행하기에 앞서 어떤 리스크가 있는지 미리 검토하고 문제가 생겼을 때를 대비해야 하죠.

하지만 리스크를 예민하게 받아들여서 지나치게 신중해지지는 말아야 합니다. 판단력이 흐려지거나 행동력이 약해져 안 좋은 결과를 가져올 수 있기 때문입니다.

물론 리스크는 미리 따져 봐야 합니다. 그러나 그 리스크를 지나치게 걱정하기보다는 약간 둔감해지는 편이 낮습니다. **좋은 의미의 둔감력은 과감한 판단력을 발휘하게 합니다. 나아가 강한 추진력도 생기게 하죠.**

위험이 있더라도 두려워하지 않고 대담하게 행동하는 사람을 우리는 '배짱이 두둑하다'고 얘기합니다. 이 말에는 둔감력의 중요성이 담겨 있습니다. 리스크에 민감한 사람은 과감하게 도전하지 못합니다. 반대로 둔감력을 갖춘 사람은 리스크에 주춤하는 일 없이 마음껏 적극적인 판단력과 행동력을 발휘합니다.

무슨 일이든 리스크는 있습니다. 리스크를 대비하되 지나치게 의식하지는 마세요. 둔감한 마음을 가질수록 적극적인 판단력과 실행력을 가질 수 있습니다.

강한 추진력과 둔감력으로
리스크를 극복합니다

독일 소설가 장 파울Jean Paul, 1763~1825은 이렇게 말했습니다.

"소심한 사람은 위험이 일어나기 전에 두려워하고, 어리석은 사람은 위험이 일어나는 동안 두려워하며, 대담한 사람은 위험이 지나간 뒤에 두려워한다."

신규 프로젝트의 리더를 맡은 상황을 가정해 보죠. 프로젝트가 성공하면 큰 성과를 낼 수 있습니다. 출셋길도 활짝 열려 미래가 보장됩니다. 그런 의미에서 보자면 둘도 없는 기회입니다. 하지만 크나큰 위험도 도사리고 있습니다. 실패하면 막대한 손실이 뒤따릅니다.

이런 프로젝트의 리더 자리를 제안받았을 때, 소심한 사람은 '혹시 실패하면 어쩌지?' 하는 걱정에 빠집니다. 걱정이 지나쳐 긍정적으로 생각하지 못하죠. 고민에 고민을 거듭하다가 결국 프로젝트 리더 자리를 거절하고 말지도 모릅니다.

어리석은 사람은 프로젝트가 한창 진행 중일 때 비로소 위험을 깨닫습니다. 그리고 두려운 마음에 리더의 책임을 뒤로한 채 도망칩니다.

이와 달리 **대담한 사람은 프로젝트를 시작하기 전에도, 또 진행하는 중에도 위험을 크게 의식하지 않습니다.** 강한 추진력을 보이며 프로젝트를 성공적으로 이끌죠. 대담한 사람이 위험을 깨달았을 때는 이미 프로젝트를 성공리에 끝마친 뒤입니다.

장 파울의 말에는 '위험을 지나치게 민감하게 받아들이면 행동에 제약이 생긴다. 위험에 둔감해져야 강

한 추진력을 발휘해 일을 성공적으로 이끌 수 있다'라
는 의미가 담겨 있는 게 아닐까요?

> 대범한 사람은 일하는 동안 '어떻게 하면
> 성공할 수 있을까?' 하는 생각만 합니다. 리
> 스크는 일을 무사히 끝마친 뒤에 두려워해
> 도 늦지 않습니다.

지금 하는 일에 열중하면
두려움이 사라집니다

🌰 _____ 사람은 무언가에 정신없이 빠져 있을 때는 두려움을 느끼지 않습니다. 어느 암벽 등반가가 이런 말을 했습니다.

"암벽 등반에는 항상 위험이 뒤따라요. 발을 헛디뎌 밑으로 떨어지면 크게 다치거든요. 목숨을 잃는 경우도 있죠. 하지만 암벽을 오르는 동안에는 공포심을 느끼지 않아요. 암벽을 오르는 데 온 신경을 집중하기 때문이죠. 공포심은 오히려 암벽을 다 올랐을 때 느낍니다. 타고 올라온 암벽을 위에서 내려다보면 '내가 저렇게 위험한 곳을 올라왔구나.' 하는 생각이 들면서 다리가 후들거리기 시작하죠."

··

　일할 때도 마찬가지입니다. 약간 위험이 따르는 일
도 온전히 집중하는 동안에는 위험을 생각할 겨를이
없습니다. 잔뜩 움츠러든 채 도망치고 싶다는 생각에
사로잡히는 일도 없죠. 좋은 의미의 둔감력이 발휘되
기 때문입니다.

　만일 두려움이 파도처럼 밀려온다면 집중력을 잃었
다는 증거입니다. 그럴 때는 지금 해야 할 일에 의식을
집중하려고 노력해야 합니다. **집중하면 두려움은 자연
스레 사라집니다.** 두려움이 물러가면 적극적인 행동도
되살아나죠.

　　두려워지면 지금 해야 할 일에 집중하세요.
　　강한 집중력을 발휘하면 두려운 마음도 잊
　　을 수 있습니다.

장점에는 민감해지고
단점에는 둔감해집니다

자신의 단점에는 민감하고 장점에는 둔감한 사람이 있습니다. 이런 사람은 자신이 가진 뛰어난 능력을 알아차리지 못하고 부족한 부분에만 초점을 맞추죠. '나는 늘 실수만 저지르고 말주변이라고는 눈곱만큼도 없어. 이런 내가 행복해질 리 없어.' 하며 부정적인 생각에 사로잡히고 맙니다.

자신의 단점과 장점에 대한 마음가짐을 반대로 바꿔 보는 건 어떨까요? **장점에는 민감해지고 단점에는 둔감해지면 인생을 밝고 활기차게 살아갈 수 있습니다.** 어설프고 서투른 부분이 있더라도, 말솜씨가 없더라도 신경 쓸 필요 없습니다. 어떤 단점이든 둔감하게 받아들이고 장점을 높게 평가하려는 마음가짐이 중요합니다.

　'나는 아무리 생각해 봐도 장점이 없어.'

　이렇게 생각하는 사람이 있을지도 모르겠군요. 하지만 스스로 그렇게 믿는 것일 뿐입니다. 누구에게나 반드시 장점은 있습니다. 곰곰이 생각해 보면 발견할 수 있습니다. 가까운 사람에게 물어보는 것도 좋은 방법이겠지요. 그렇게 찾아낸 장점에 집중하면 자신감이 한껏 피어오릅니다. 어떤 일이든 긍정적이고 적극적으로 마주할 용기가 생겨납니다.

　　누구나 장점과 단점을 동시에 지니고 있습니다. 다만 잘되는 사람은 장점을, 안 되는 사람은 단점을 더 오랫동안 생각할 뿐입니다.

긍정적인 열등감이
인간적인 성장을 이끕니다

오스트리아의 심리학자 알프레드 아들러 Alfred Adler, 1870~1937는 열등감을 받아들이는 유형에 두 종류가 있다고 말했습니다.

첫 번째는 남보다 뒤떨어진 부분을 찾으며 괴로워하는 유형입니다. 자기를 가치 없는 사람이라 여기며 자신감을 잃고는 모든 일을 부정적인 시선으로 바라보죠.

두 번째는 남보다 뒤처지는 부분을 발견해도 고민하지 않는 유형입니다. 느긋한 마음으로 '남보다 부족한 부분은 극복하려고 노력하면 돼. 그렇게 나 자신과 싸우며 도전해 나가는 일은 즐거우니까. 뒤떨어진 부분을 극복하려는 노력은 인간적인 성장으로도 이어질 거야'라고 생각하죠.

아들러는 **"인간으로서 행복하게 살아가는 쪽은 두말할 필요 없이 열등감을 고통스럽지 않게 받아들이는 유형이다."**라고 말했습니다.

열등감을 괴롭게 여기지 않고 긍정적으로 해석하는 태도는 둔감력을 발휘하는 좋은 방법입니다. 대부분의 사람은 남보다 부족한 부분을 고민하며 힘들어합니다. 그 부족함이 모든 고민의 시작이라고 생각하기도 하죠.

하지만 둔감한 사람은 다릅니다. 남보다 뒤떨어지는 면을 고민이나 걱정거리로 삼기는커녕 자신을 성장케 하는 원동력이라 여기며 기꺼이 받아들입니다.

남보다 뒤떨어지는 부분이 있더라도 고민하지 마세요. 부족한 부분을 극복해가면서 사람은 성장하게 마련입니다.

'운근둔'의 마음가짐으로
성공을 거머쥡니다

        '운근둔(運根鈍)'이라는 말이 있습니다. 사람이 성공하는 데 필요한 세 가지 비결을 뜻하는 말이죠.

운(運)이란 행운을 붙잡는다는 의미입니다. 기회는 누구에게나 찾아옵니다. 언젠가는 반드시 행운이 다가오게 마련이죠. 다가온 기회나 행운을 놓치지 않고 꽉 움켜쥐는 것. 그것이 성공의 비결 가운데 하나입니다.

또 한 가지 중요한 비결은 근(根)입니다. 끈기 있게 지속한다는 의미이지요. 일하는 도중에 지겹거나 싫증난다고 포기하면 성공에 이를 수 없습니다.

둔(鈍)은 '둔감하다'의 '둔'과 같은 한자입니다. 사소한 실패에는 끄떡하지 않고, 일이 생각대로 풀리지 않더라도 좌절하지 않으며, 오뚝이처럼 벌떡 일어나 씩씩하고 강인하게 노력해 나간다는 뜻입니다.

다시 말해 '둔'에는 '굳세다', '다부지다'라는 의미가 담겨 있습니다. 정신적으로 쉽게 나약해지는 사람에게는 성공을 기대할 수 없습니다. 그래서 사람은 때에 따라 둔감해지는 편이 좋습니다.

둔감하다는 말에는 '아둔하다'와 같은 부정적인 의미도 있지만, 성공하는 데 꼭 필요한 힌트도 숨어 있다는 사실을 잊지 말아야 합니다.

굳세고 다부진 삶을 실천에 옮겨 보세요.
성공은 저절로 따라오게 되어 있습니다.

주변에 함께하기
불편한 사람이 생겼다면?

마음이 둔감한 사람은
인간관계에 얽매이지 않습니다

성실한 사람일수록
인간관계 때문에 고민합니다

인간관계 때문에 스트레스를 받는 사람이 아주 많습니다. 스트레스는 몸과 마음의 병으로 이어지기도 하죠. 스트레스의 원인은 대부분 인간관계에서 오는 고민 때문이라고 합니다. 직장을 그만둔 젊은이들을 대상으로 퇴직 이유를 조사해 본 결과, 1위는 인간관계에서 생기는 갈등이었다고 하더군요.

인간관계로 고민하는 사람은 대부분 진지하고 성실하며 마음이 여립니다. 조금 다르게 말하면 자신에게는 늘 엄격한 기준을 적용하면서 다른 사람의 생각이 어떤지 필요 이상으로 신경을 씁니다. 그래서 다른 사람과의 사이에 생긴 일로 가슴앓이를 하는 것이죠.

그런데 조금만 생각해 보면 현대인은 대부분 인간관계에 지나치게 예민합니다. 직장 상사에게 조금만 꾸중을 들어도 '어떡하지? 상사한테 밉보였나 봐. 나는 이제 끝났어.' 하며 절망감에 사로잡히고, 회의 중에 동료들과 의견이 조금만 충돌해도 '이 회사에 내 편은 하나도 없구나. 나는 외톨이야.' 하며 좌절합니다.

사회생활을 할 때는 인간관계에 둔감해지는 편이 좋습니다. 물론 성실한 사람은 둔감해지라는 조언을 들어도 곧바로 생각을 바꾸기가 쉽지 않습니다. 이럴 땐 먼저 자기 자신에게 '신경 쓰지 말자.' 하고 말을 건네는 게 좋습니다. **인간관계 때문에 울적할 때는 '신경 쓰지 말자, 신경 쓰지 말자.' 하고 되뇌는 것이죠.** 그러면 조금씩 둔감력이 몸에 배어 갑니다.

인간관계에 사소한 갈등이 생겨도 너무 신경 쓰지 마세요. 다른 사람은 당신처럼 깊이 고민하지 않습니다.

상대방의 마음을 읽으려고
지나치게 애쓰지 않습니다

우리는 다른 사람이 자기를 어떻게 생각할지 늘 궁금해합니다. '상사는 나를 좋게 평가할까?', '동료들은 나를 필요한 사람으로 여길까?' 하고 말이죠.

이렇게 상대의 마음을 상상하는 것을 심리학에서는 '마음 읽기(Mind Reading)'라고 부릅니다. 상대의 마음을 읽으려는 심리 자체는 누구에게나 있습니다. 그런 심리가 사람과 사람 사이를 원만하게 만드는 데 도움을 주기도 하죠.

그런데 단순히 상대의 마음을 읽는 게 아니라 '지나치게' 읽으려고 애쓰는 사람이 있습니다. 이렇게 **지나**

친 마음 읽기를 하면 상대의 마음을 오해할 수 있습니다. 오해는 관계에 악영향을 미치기도 하죠. 상대의 마음을 너무 깊이 파고들어 상상의 나래를 펼치다 보면 생각이 부정적인 방향으로 쏠리기 때문입니다.

'상사는 말로만 나한테 기대가 크다고 하고 속으로는 나를 거추장스럽게 여기는 게 아닐까?'

'동료들은 나를 의지한다고 말하지만, 사실은 성가시다고 생각하는 게 아닐까?'

물론 이런 생각은 대부분 자기만의 착각입니다. 상대의 마음을 너무 깊이 읽으려 하면 이렇게 잘못된 판단을 내리기 쉽죠.

상대의 마음은 추측만으로는 알 수 없습니다. 너무 깊이 생각해서 부정적으로 단정 짓지 않는 편이 좋습니다.

> 상대의 마음을 지나치게 깊이 읽으려 하면 착각에 빠지기 쉽습니다. 오해를 불러일으키는 과한 상상력은 금물입니다.

즐거운 일을 떠올리면
인간관계의 스트레스가 사라집니다

상대가 나를 어떻게 생각하는지 신경 쓰이기 시작하면 일단 생각을 멈추는 게 좋습니다.

'저 사람이 나를 귀찮아하지는 않을까?'

'이 사람은 내 행동이 맘에 안 드는 걸까?'

상대의 마음을 읽으려고 상상에 상상을 더하다 보면 고민은 점점 늘어납니다. 결국 혼자 상처받고 혼자 좌절하게 되죠.

인간관계에서 생긴 고민으로부터 벗어나는 데는 몇 가지 요령이 있습니다.

❖ 지금 하는 일에 집중한다.

❖ 요즘 즐기는 취미를 떠올린다.

❖ 여행 계획을 세운다.

당장 처리해야 할 일에 집중하면 인간관계에서 비롯된 고민을 머릿속에서 털어낼 수 있습니다. 좋아하는 취미나 운동을 떠올리면서 머릿속의 복잡한 생각을 지우는 것도 괜찮은 방법이죠. 여행 계획 세우기도 효과적인 방법고요. '몇 박 며칠로 갔다 올까?', '어디 어디를 둘러보는 게 좋으려나?', '괜찮은 맛집도 찾아봐야겠다.' 하며 계획을 세우다 보면 어느새 고민은 씻은 듯 사라집니다.

인간관계 때문에 괴롭고 힘들다면 우선 생각하지 않는 습관을 들이려고 노력해야 합니다.

인간관계로 고민한다면 지금 할 일에 집중하세요. 부정적인 생각에서 당장 벗어나는 게 중요합니다.

자의식을 없애면
마음에 평안함이 찾아옵니다

불교에 무아(無我)라는 말이 있습니다. 무아란 '나를 없앤다'는 의미입니다. 불교에서 말하는 나[我]는 여러 의미로 해석되지만 현대적인 말로 바꾸면 '자의식'이라고 표현할 수 있을 듯합니다. 다시 말해 무아란 '지나친 자의식을 없앰으로써 정신적인 평온함을 얻는다'는 뜻이지요.

'남들이 나를 어떻게 생각할까?'

'사람들이 나를 어떻게 평가할까?'

자의식이 작용하면 이런 생각으로 마음이 복잡해집니다. 반대로 자의식을 버리면 마음이 평온해집니다.

'나'라는 자의식이 사라지면 남이 나를 어떻게 생각하고 평가하는지 신경 쓰이지 않습니다. 나라는 존재에 집착하기 때문에 다른 사람의 시선을 의식하는 것이죠.

그렇다면 어떻게 해야 자의식을 없앨 수 있을까요?

선(禪)의 수행 중에는 작무(作務)라는 수행법이 있습니다. 작무란 '절을 청소하거나 수행자들의 식사를 준비하는 것과 같은 일상 업무'를 말합니다. 선에서는 청소나 식사 준비도 중요한 수행인 것이죠. 이렇게 **일상 속에서 불필요한 생각을 하지 않고 해야 할 일에 집중하면서 나를 잊으면 무아의 경지에 도달할 수 있습니다.**

선의 가르침은 다른 사람의 시선을 염두에 두지 않고 살아가는 데 좋은 지침이 됩니다.

적당한 자의식은 건강에 도움이 되지만, 지나친 자의식은 오히려 마음을 병들게 합니다. 나라는 존재에 집착하지 않는 연습을 하세요.

일할 때에는
일에만 집중합니다

선에는 끽다끽반(喫茶喫飯)이라는 가르침도 있습니다. '끽다'란 차를 마신다, '끽반'이란 밥을 먹는다는 의미입니다. 다시 말해 차를 마실 때는 차 마시는 데 집중하고, 밥을 먹을 때는 밥 먹는 데만 집중하라는 가르침이지요. 이 또한 무아의 경지에 도달해서 평온한 마음을 얻기 위한 선의 수행법 중 하나입니다.

즉, '차를 마실 때 차 마시는 나를 남들이 어떻게 바라보는지 신경 쓰지 말고 차 마시는 데만 집중하라. 식사할 때도 마찬가지다'라는 뜻입니다. 내가 다른 사람에게 어떻게 보일지 신경 쓰면 마음이 흐트러져서 평온함을 얻을 수 없습니다.

차를 마실 때와 밥을 먹을 때를 '일할 때'로 바꿔서 생각해도 좋습니다. '일할 때는 주변 사람들이 나를 어떤 시선으로 볼지 신경 쓰지 말고 오로지 눈앞에 놓인 일에만 집중한다'라고 말이죠.

'상사는 내 일 처리 속도가 느리다고 생각하지 않을까?'

'동료들이 속으로 답답해하면 어쩌지?'

이런 쓸데없는 걱정에서 벗어나려고 꾸준히 노력하면 **다른 사람의 시선을 지나치게 의식하는 마음, 다른 사람의 생각을 너무 깊이 읽으려는 마음이 사라집니다.** 좋은 의미의 둔감력이 습관처럼 배어나오기 시작하는 것이죠.

밥을 먹거나 차를 마실 때 다른 사람의 눈치를 보지 않는 것처럼, 일할 때도 주위 시선을 신경 쓰지 마세요.

일어나지도 않은 일을
억측하지 않습니다

아침에 눈을 떴는데 '오늘은 출근하기 싫다.' 하는 생각이 들 때가 있습니다. 그런 날은 아침부터 머릿속이 온통 부정적인 생각으로 가득해집니다.

'오늘도 상사한테 한 소리 듣겠지? 아, 정말 싫다.'

'오늘쯤 거래처에서 클레임이 들어올 것 같은데…….휴, 생각만 해도 짜증나.'

'오늘은 부서 회의가 있는 날이네. 동료들은 내가 쓸데없는 말만 한다고 생각하지 않을까?'

머릿속에서 이런 생각이 꼬리에 꼬리를 물고 끝없이 이어집니다.

하지만 실제로는 상사에게 꾸중을 들을지 안 들을지, 거래처에서 클레임이 들어올지 안 들어올지, 동료들이 내 의견을 무시할지 귀담아들을지 전혀 알 수 없습니다. 그저 '그렇지 않을까?' 하는 추측에 지나지 않죠.

심리학에서는 이렇게 **앞으로 일어날 일을 나쁜 쪽으로 상상하는 경향을 '예언자적 오류'**라고 부릅니다. 이런 오류는 인간관계를 지나치게 신경 쓸 때 생기는 전형적인 현상이죠.

아침에 일어났을 때 부정적인 생각이 머릿속을 떠나지 않는다면 생각에 깊이 빠지기보다는 둔감력을 발휘하는 편이 좋습니다. 출근 준비에 몰두하거나 텔레비전 방송, 신문 뉴스에 집중하는 거죠. 일어나지도 않은 일을 지레짐작하며 미리 고민할 필요는 없습니다.

일어나지도 않은 일을 넘겨짚으며 괴로워하기보다는 지금 해야 할 일에 집중하세요. 당신의 생각은 추측일 뿐입니다.

나에게도 다른 사람에게도
완벽을 추구하지 않습니다

완벽주의적인 성향이 강한 사람은 인간관계에서 스트레스를 받기 쉽습니다. 이런 사람은 무슨 일이든 빈틈없이 처리해야만 직성이 풀리죠. 문제는 자기만 완벽함을 추구하는 게 아니라 다른 사람에게까지 완벽함을 강요한다는 점입니다.

예를 들어 직장 동료가 사소한 실수를 저질렀을 때 완벽주의적인 사람은 신경이 날카로워집니다. 상사도 아니면서 "앞으로 조심해요!" 하고 주의를 주죠. 다른 사람의 업무에서 빈틈을 발견하면 "똑바로 좀 해요!" 하며 잔소리를 늘어놓기도 합니다. 그 탓에 동료들과 사이가 나빠져서 "뭐 저런 사람이 다 있어? 정말 짜증나." 하는 험담을 듣기도 하죠. 그렇게 더 많은 스트레스가 쌓이는 악순환이 이어집니다.

우리는 악순환에 빠지지 않기 위해서라도 다른 사람에게 완벽함을 강요하지 말아야 합니다. 그러려면 무엇보다도 자기 자신에게 완벽함을 요구하지 말아야 하죠. 모든 일을 빈틈없이 처리하겠다는 마음을 내려놓으면 다른 사람에게 완벽함을 바라던 마음도 조금씩 사라집니다. 동료가 실수를 저질러도, 부족한 부분이 눈에 띄어도 둔감하게 넘길 수 있는 여유가 생깁니다. 다른 사람에게 완벽함을 바라지 않으면 **인간관계에서 오는 스트레스와 고민이 사라집니다.**

동료의 실수에 둔감해지세요. 사람들은 어느 정도 일과 마음에 여유가 있는 사람을 좋아합니다.

다른 사람에게 배울 점은 없는지
너그러운 시선으로 살펴봅니다

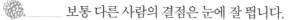 보통 다른 사람의 결점은 눈에 잘 띕니다.

'저 사람은 왜 저렇게 제멋대로야? 사람을 자기 멋대로 휘두르려고 한다니까!'

'저 사람도 정말 짜증나. 늘 미적미적하면서 사람 신경을 박박 긁어 놔!'

이렇게 불편한 생각이 들면서 신경이 과민해지죠.

하지만 주변 사람의 결점에 일일이 감정적으로 반응하면 스트레스가 쌓여서 자기 몸과 마음만 지칠 뿐입니다. 자신의 건강을 위해서라도 다른 사람을 좀 더 너

그렇게 바라보는 건 어떨까요? 그러려면 우선 **상대의 결점을 둔감하게 바라보아야 합니다.**

나아가 **상대의 좋은 점에는 민감한 편이 좋습니다.**

'저 사람은 리더십이 강해. 늘 나를 이끌어 줘서 믿음직스러워.'

'저 사람은 일을 꼼꼼하게 처리해서 참 든든해.'

이렇듯 상대의 장점에 집중하면 인간관계가 원만해집니다. 그래서 자신과 상대방 모두 만족스러운 관계를 키워나갈 수 있습니다.

> 상대의 결점보다는 장점에 집중하세요. 작은 어린아이에게도 배울 점은 있습니다. 그 가르침이 나를 성장으로 이끕니다.

다른 사람을 탓하기보다는
자신을 되돌아봅니다

인간관계에서 스트레스를 받지 않으려면 타인에게 관대해져야 합니다. 주변 사람들과 사이좋게 지내려면 다른 사람을 너그럽게 받아들이는 마음을 가져야 하죠.

프랑스 사상가 볼테르 Voltaire, 1694~1778는 이렇게 말했습니다.

"관용이란 무엇인가? 관용은 인간에게 애정을 갖는 것이다. 사람은 누구나 약점과 실수로 가득 차 있다. 우리의 어리석음을 서로 용서하자."

....

'저 사람은 실수 없이 넘어가는 법이 없어. 혹시 바보 아냐? 저 사람 때문에 늘 나만 피해 보잖아!'

이렇듯 우리는 무심결에 상대를 원망하고 화를 냅니다. 하지만 가만히 생각해 보면 나 역시 어리석은 인간이기는 마찬가지입니다. 나도 사소한 실수로 누군가에게 피해를 주는 일이 종종 있기 때문입니다.

볼테르의 말에는 자신의 어리석음을 깨달아야 비로소 타인의 어리석음에도 관대해질 수 있다는 의미가 담겨 있습니다. 나도 자주 실수한다는 사실을 깨달으면 상대의 잘못을 너그럽게 받아주는 마음이 생겨납니다.

다시 말해 다른 사람을 관대하게 용서하는 마음을 가지려면 **자신의 실수와 어리석음에는 민감해지고 타인의 실수나 어리석음에는 둔감해져야 합니다.**

일방적으로 상대를 비난하는 사람은 자기 자신의 실수와 어리석음을 조금도 깨닫지 못한 사람입니다. 이

런 사람은 한 번쯤 자기 자신을 되돌아보는 시간을 가
지는 게 좋습니다.

> 다른 사람의 어리석음을 비난하기에 앞서
> 나의 어리석음을 깨달으세요. 내가 그랬던
> 것처럼 누군가는 나를 탓할 수도 있습니다.

제 3 장

다른 사람의 시선이
신경 쓰인다면?

누구보다도 자기 자신을
가장 소중하게 생각합니다

좋은 사람 콤플렉스가 강할수록
인간관계가 괴롭습니다

'좋은 사람'일수록 인간관계에서 스트레스를 더 많이 받습니다. 좋은 사람이란 '다른 사람에게 사랑받고 싶다', '미움 받고 싶지 않다'는 생각이 아주 강한 사람을 말합니다. 우리는 누구나 사랑받고 싶어 합니다. 미움 받고 싶어 하는 사람은 아무도 없죠. 그런 마음이 있기에 친구나 동료, 사랑하는 사람과 원만한 관계를 이어나갈 수 있습니다.

하지만 모든 사람에게 좋은 사람이 되고자 하는 사람은 인간관계가 괴롭게 느껴질 뿐입니다. 이런 사람은 사랑받고 싶은 마음이 지나쳐서 자신의 감정을 솔직하게 드러내지 못합니다. 자기주장을 내세우기보다 늘 주위 사람들의 의견에 순순히 따르죠. 미움 받고 싶지 않아서 '저 사람은 나를 어떻게 생각할까?' 하고 끊임없이 눈치를 살핍니다. '혹시 나를 싫어하나?' 하며 속을 끓이죠. 누군가와 함께 있을 때면 그 사람의 시선과 표정, 말투 하나하나에 안테나를 곤두세웁니다. 그 탓에 정신적인 에너지가 금세 바닥나고 말죠.

좋은 사람 콤플렉스에서 벗어나려면 둔감해져야 합니다.

'모든 사람에게 사랑받을 순 없어.'

'누군가 나를 미워해도 일일이 신경 쓰지 말자.'

이렇게 되새기고 곱씹으며 좋은 사람이 되려는 노력에서 벗어나면 인간관계에서 오는 스트레스가 줄어듭니다.

내 마음을 힘들게 만들면서 좋은 사람이 될 필요는 없습니다. 진짜 '좋은 사람'은 다른 사람보다 나를 아끼는 사람입니다.

자신의 목표에 집중하는 사람은 인간관계로 고민하지 않습니다

인간관계에 에너지를 쏟는 '좋은 사람' 중에는 마치 다른 사람에게 사랑받기, 미움 받지 않기가 인생의 목적인 듯 보이는 사람이 많습니다. 이런 사람은 **인생의 다른 목적을 찾으면 좋은 사람이 되어야 한다는 강박관념에서 벗어날 수 있습니다.**

만약 당신에게 좋은 사람 콤플렉스가 있다면 자신의 꿈이나 목표를 되돌아보는 시간을 마련해 보는 건 어떨까요?

'지금은 비록 말단 사원이지만 나중에는 독립해서 내 사업을 시작하고 싶어.'

'유럽으로 유학 가서 어릴 적부터 배우고 싶었던 서양 회화를 공부하고 싶어. 그러니까 지금은 유학 자금을 모으는 데 집중하자.'

'구호 단체를 설립해서 사회에 공헌하고 싶어. 그 꿈을 실현할 수 있도록 차곡차곡 준비하자.'

이렇게 꿈이나 목표를 실현하는 데 몰입할 때는 인간관계에 사소한 트러블이 생겨도 크게 신경 쓰지 않게 됩니다. 꿈을 이룰 방법을 생각하는 데 집중하느라 다른 사람에게 사랑받고 싶다는 생각, 미움 받고 싶지 않다는 생각에 빠져 있을 시간이 없죠. 그래서 '누군가 나를 미워해도 어쩔 수 없어. 지금은 내 꿈을 이루는 데 집중하자.' 하고 마음을 다잡기 쉽습니다. 이렇듯 꿈이나 목표가 뚜렷하면 인간관계에 둔감해질 수 있습니다.

자기만의 꿈과 목표가 무엇인지, 생각하는 시간을 마련해 보세요. 다른 사람의 시선으로부터 자유로워질 수 있습니다.

마음의 버팀목이 되어 주는 사람을
소중하게 여깁니다

모두가 좋은 사람이라고 인정하는 여성이 있었습니다. 그 여성은 누구에게도 미움 받고 싶지 않다, 모든 사람에게 사랑받고 싶다는 의식이 강했습니다. 그래서 친구나 동료와 사소한 트러블만 생겨도 밤새도록 뒤척이며 고민에 빠지는 일이 잦았죠. 그런데 어떤 일을 계기로 인간관계에서 비롯되는 고민이 사라졌다고 합니다. 좋은 사람 콤플렉스에서 벗어난 것이죠.

그녀가 말한 어떤 일이란 다름 아닌 결혼이었습니다.

'진심으로 나를 사랑해 주는 사람이 항상 곁에 있어.'

'어떤 고민이든 자기 일처럼 귀 기울여 주는 사람이
늘 함께 있어.'

'결혼과 동시에 이런 안정감이 생겨난 것입니다. 그
결과 인간관계에서 생긴 일에 감정을 소모하는 일이
부쩍 줄어들었다고 합니다.

이렇듯 **마음의 버팀목이 되는 사람이 있으면 인간관
계에서 오는 스트레스에 불필요한 에너지를 소진하지
않고 살아갈 수 있습니다.** 물론 그런 사람이 꼭 남편일
필요는 없습니다. 신뢰할 수 있는 친구나 믿고 따르는
인생 선배여도 좋습니다. 물론 부모님이나 형제, 친척
이어도 상관없죠. 마음의 버팀목이 되어 주는 사람이
있으면 둔감력을 기르는 데 크나큰 도움이 됩니다.

마음 편히 고민을 털어놓을 수 있는 사람,
마음의 버팀목이 되어 주는 사람을 찾아보
세요. 인생이 더욱 풍요로워집니다.

예민하고 평범한 사람보다는
둔감하고 개성 있는 사람이 낫습니다

상대성 이론으로 노벨물리학상을 받은 알베르트 아인슈타인 Albert Einstein, 1879~1955 은 이렇게 말했습니다.

"인생을 즐기는 비결은 평범함에 얽매이지 않는 것이다. 평범한 인생을 사는 사람은 단 한 명도 없으니까."

그의 말에는 '사람은 자기가 정말 좋아하는 일을 자신만의 방식으로 실천할 때 가장 행복하다'라는 의미가 담겨 있습니다. 자기만의 방식대로 살아가다 보면 때로는 주변에서 특이하다고 수군댈지도 모릅니다. 하지만 그런 말에 일일이 신경 쓰거나 민감하게 반응할 필요는 없습니다. 둔감하게 받아넘기면 그만이니까요. 특이한 사람이라는 수군거림이 두려워서 다른 사람의 눈에 띄지 않는 평범한 삶을 선택한다면 그 삶은 숨 막히는 일로 꽉꽉 들어찰 뿐입니다.

우리는 누구나 다른 방식으로 저마다의 삶을 살아갑니다. 모두 다른 가치관과 사고방식을 갖고 있죠. 사람은 누구든 조금씩 다른 사람과 다른 특이한 부분이 있습니다. 그것이 바로 그 사람만의 개성입니다.

아인슈타인의 말처럼 **평범한 인생을 사는 사람은 단한 명도 없습니다.** 그러니 주변에서 특이한 사람이라며 손가락질하더라도 개의치 말고 자기다운 방식으로 자유롭게 나아가야 합니다. 자기만의 개성을 한껏 발휘해 누구도 생각지 못한 획기적인 성과를 거두고 나면 그 누구도 특이한 사람이라며 수군대지 않을 거예요.

주변에서 수군거리는 말은 한 귀로 듣고 한 귀로 흘려 버리세요. 그만큼 당신의 개성이 강하고 멋있다는 뜻이니까요.

다른 사람의 떡보다는
내 떡이 더 크고 맛있습니다

'남의 떡이 더 커 보인다'는 속담이 있습니다. 남이 가진 것은 내 것보다 더 좋게 느껴진다는 의미인데, 사실은 그렇지 않습니다. 내가 가진 것도 충분히 훌륭하고 가치가 있죠. 그런데 그 사실을 깨닫지 못한 채 다른 사람만 부러워하는 것입니다.

다른 사람을 부러워하면 자기만 괴로워집니다. 내가 가진 게 얼마나 훌륭하고 근사한지 깨닫지 못하면 자기다운 행복을 누릴 수 없죠. 여기에서 말하는 내가 가진 것이란 사는 집, 연봉, 직업, 재능 등 다양한 의미로 해석할 수 있습니다. 다른 사람의 상황이나 직업, 재능을 부러워하기보다는 **내 삶의 멋진 부분, 내 일의 보람 찬 부분, 나만의 재능을 깨닫는 것이 자기다운 행복을 이루는 출발점**입니다

바꿔 말해, 다른 사람이 가진 것에는 둔감해지고 내가 가진 것의 가치에는 민감해져야 합니다. 정말 크고 맛있는 떡은 내 손에 있는 떡이라는 사실을 항상 잊지 말아야 합니다.

남이 가진 것을 부러워하기보다는 내가 가진 것의 가치에 집중하세요. 나다운 삶은 내 것을 아끼는 일에서부터 시작합니다.

혼자 있는 시간의 힘은
생각보다 강합니다

혼자 있기를 두려워하는 사람이 많습니다. 주변 사람들의 시선을 지나치게 신경 쓰기 때문이죠.

예를 들어 당신은 돌아오는 휴일에 혼자서 조용히 시간을 보내고 싶습니다. 그런데 누군가가 "이번 휴일에는 뭐 할 계획이야?" 하고 물었을 때 "혼자서 보내려고." 하고 대답하면 친구도 애인도 없는 외로운 사람으로 비칠까 봐 걱정됩니다. 그래서 억지로 누군가와 약속을 잡아 함께 놀러 갈 계획을 세우죠.

회사 점심시간에도 마찬가지입니다. 가끔은 혼자서 사색을 즐기며 밥을 먹고 싶지만 동료들이 "저 사람은 사교성이 없어." 하고 욕할까 봐 어쩔 수 없이 우르르 모여 식사하러 가죠.

혼자 있고 싶을 때는 혼자가 되는 편이 좋습니다. 혼자이고 싶다는 생각이 드는 이유는 조용한 환경에서 자기 기분을 정리하고 싶은 욕구가 높아졌기 때문입니다. 몸과 마음에 쌓인 스트레스를 혼자 있으면서 풀고 싶기 때문이죠. 그럴 때는 혼자 시간을 보내는 편이 자신에게도 유익합니다.

때로는 타인의 시선에 둔감해져야 합니다. '혼자 있는 모습을 누군가 본다면 이상하게 생각하지 않을까?' 하는 걱정에 둔감해져야 자기 자신을 소중히 대할 수 있습니다.

혼자 있고 싶을 때는 혼자 있고 싶다는 마음의 목소리에 귀 기울여 주세요. 혼자 보내는 시간은 몸과 마음을 치유하는 데 도움이 됩니다.

둔감한 사람은 다른 사람에게
자기 시간을 빼앗기지 않습니다

_____ 다른 사람의 부탁을 거절하지 못하는 사람이 많습니다.

"내가 너무 바빠서 그러는데 대신 좀 해 줄 수 없을까요?"

"지금 바쁜 건 아는데, 나랑 같이 어디 좀 가 주지 않을래요?

"나는 다른 일이 있어요. 그러니 나 대신 이 일 좀 처리해 줘요."

거절하지 못하는 사람은 이런 뻔뻔한 부탁을 받아도 "그래요. 내가 할게요.", "그래요. 같이 가요." 하며 거절하지 못합니다. 거절하고 싶은 마음이 굴뚝같아도 싫다고 말하지 못하죠. 그러고 난 뒤에 '나는 왜 싫다고 말하지 못할까? 왜 이렇게 소심할까?' 하며 울적해 하곤 합니다.

이들이 거절을 못하는 이유는 소심하다기보다는 너무 착해서입니다.

'저 사람이 난처한가 보구나. 아무래도 내가 도와줘야겠어.'

'나까지 거절하면 불쌍하잖아.'

이런 마음이 지나치게 강한 것이죠.

물론 다른 사람을 배려하는 마음은 살아가는 데 아주 중요합니다. 하지만 배려가 지나치면 다른 사람을 위하느라 소중한 내 시간을 모두 빼앗기고 맙니다. 정말 자기가 하고 싶은 일에 쓸 시간이 없어지고 말죠. 다른 사람을 위하느라 정작 자기 자신은 뒷전으로 돌리게 됩니다.

곤경에 처한 사람을 안쓰럽게 여기고 도와주려는 마음가짐도 좋지만, 조금은 다른 사람의 부탁에 둔감해저야 합니다. **무리한 부탁이라면 둔감함을 발휘해 거절하는 편이 낫습니다.** 그래야 자기다운 삶을 지킬 수 있습니다.

> 거절하고 싶을 때는 눈 딱 감고 싫다고 말해 보세요. 상대방도 충분히 당신의 선택을 존중해 줄 거예요.

미안한 감정에 둔감해져야
꿈을 향해 날아오를 수 있습니다

꿈을 이루려면 때로는 둔감해져야 합니다.

학창 시절부터 사업가가 되고 싶다는 꿈을 가진 남성이 있었습니다. 하지만 대학을 졸업하자마자 창업을 하기에는 돈도 경험도 인맥도 부족했습니다. 그래서 일단 회사에 취직해 실력을 쌓고 사업 자금을 모은 다음에 독립하기로 했습니다.

서른 즈음이 되자 경험과 인맥이 쌓였고 어느 정도 돈도 모였습니다. '이제 회사를 그만두고 사업을 시작해서 내 오랜 꿈을 이룰 때가 왔구나!' 하고 생각했죠. 그런데 한편으로 마음에 걸리는 부분이 있었습니다.

지금까지 자신이 성장하는 데 큰 힘이 되어 준 상사와 동료들에게 미안한 마음이 들었던 것입니다. 남자는 고민에 고민을 거듭한 끝에 결국 사업의 꿈을 당분간 접기로 했습니다. 오랜 꿈을 포기한 셈이죠.

이런 경우 상사나 동료에게 미안한 감정이 드는 것은 지극히 자연스러운 일입니다. 하지만 **미안한 감정에만 집중할 필요는 없습니다.**

'내가 회사를 그만두면 상사와 동료들이 어떻게 생각할까? 나한테 뒤통수를 맞았다는 기분이 들지 않을까? 은혜를 모르는 뻔뻔한 사람이라고 손가락질하지는 않을까?'

이런 생각에 둔감해져야 큰 결단을 내리고 꿈을 향해 도전할 수 있습니다. 막상 독립하겠다고 말했을 때 상사와 동료들이 적극적으로 지지해 줄지도 모릅니다. **'내 꿈을 이루는 게 상사와 동료들의 은혜에 보답하는 길이 될 거야.'** 하고 시각을 바꿔 생각하면 둔감력을 발휘하는 데 도움이 됩니다.

때로는 소중한 내 꿈을 위해 과감한 결단을 내려야 합니다. 내 꿈을 이루는 게 고마운 사람들에게 보답하는 길이라고 생각하세요.

조금만 둔감해지면
과감한 결단을 내릴 수 있습니다

       '장고(長考) 끝에 악수(惡手) 난다'라는 속담이 있습니다. 너무 오랫동안 깊이 생각하면 결론을 내리지 못한 채 쓸데없이 시간만 흘려보내다가 나쁜 결과를 초래한다는 의미입니다.

  회사를 그만두고 사업을 시작할 때, 시골로 이사해서 오랜 꿈이었던 전원생활을 즐기며 농사를 짓기 시작할 때 등, 자기만의 꿈을 이루고자 생활에 크게 변화를 주려고 계획할 때는 누구나 고민이 깊어지게 마련입니다.

  '회사를 그만두면 지금까지 동고동락한 상사와 동료

들이 서운해하겠지?'

　'잠깐이나마 수입이 줄어들면 가족들이 많이 불안할 거야.'

　'내가 과연 새로운 일을 잘해 나갈 수 있을까?'

　이런저런 걱정과 불안에 지나치게 생각이 많아지면 결론을 내리지 못한 채 시간만 허무하게 흘려보내기 쉽습니다. **미안한 마음, 불안한 생각은 적당한 선에서 접어 두고 용기 있게 한 걸음 앞으로 나아가야만 오랜 꿈을 이룰 수 있습니다.**

　진지하게 고민하고 신중을 기하는 자세도 중요하지만, 조금은 걱정과 불안에 둔감해져야 꿈을 이룰 기회를 잡을 수 있습니다.

　　불필요한 걱정과 불안에 둔감해지세요. 꿈을 향해 한 걸음 나아갈 수 있는 지름길이 보일 겁니다.

제 4 장

고민이 꼬리에 꼬리를 물고
이어진다면?

고민에 둔감해질수록
인생과 일이 술술 풀립니다

고민은 일이 끝난 다음으로
미루어 두어도 충분합니다

일을 하다가 실수해서 상사에게 질책을 받았을 때는 누구나 크게 낙담합니다. 그런데 어떤 사람은 그런 마음에서 오랫동안 벗어나지 못합니다. 특히 성실한 사람일수록 그 상태가 오래 지속됩니다. '내가 어쩌다가 그런 어처구니없는 실수를 저질렀지? 상사와 동료들에게 피해를 주고 말았어.' 하며 끊임없이 후회하고 괴로워합니다.

하지만 고민에 빠져 있으면 당장 처리해야 할 일에 집중할 수 없습니다. 집중력이 흐려져 똑같은 실수를 연달아 저지르게 되고 업무도 계속 밀리죠. 그러면 또 상사에게 지적을 받아 더더욱 우울해집니다.

　이런 악순환에 빠지지 않으려면 둔감력을 발휘해 우울한 감정을 훌훌 털어내야 합니다. 반성하는 마음이나 미안한 마음을 가지지 말라는 얘기는 아닙니다. 불편한 감정을 일단 뒤로 미뤄 두고 문제를 해결하는 데 집중하는 자세가 무엇보다 중요하다는 말이죠. **지금 당장 미안해하고 괴로워할 필요는 없습니다.** 일을 끝마치고 난 다음에 반성하고 사과해도 늦지 않으니까요. 괴로운 마음은 잠시 접어두고 지금 해야 할 일에 집중하세요. 그게 생산적으로 문제를 해결하는 가장 좋은 방법입니다.

　　같은 실수를 반복하지 않으려면 미안하고 괴로운 심정은 문제를 해결한 뒤로 미뤄 두고 당장 해결해야 할 일에 집중하세요.

둔감한 사람은 일의 우선순위를 잘 알고 있습니다

둔감력을 가진 사람은 상사에게 야단맞더라도 우울한 기분을 마음에 오래 담아 두지 않습니다. 꾸중을 들은 직후에는 잔뜩 풀이 죽더라도 금세 털고 일어나 해야 할 일에 몰입합니다. 다시 말해 둔감한 사람은 감정 전환이 빠릅니다. 왜냐하면 일의 우선순위를 잘 알기 때문이죠.

둔감력을 갖춘 사람은 당장 해결해야 할 일이 무엇인지 파악하는 능력이 뛰어납니다. 업무를 진행하다가 실수했을 때 최우선으로 처리해야 할 과제는 '우울해하기'가 아닙니다. 좌절과 고민은 잠시 미뤄두고 지금

해야 할 일에 집중하여 실수를 만회하는 게 무엇보다 중요하죠.

상사에게 야단을 맞고도 곧바로 일에 집중하는 모습을 보이면 어떤 사람은 "상사한테 그렇게 혼나고도 느끼는 게 없나 봐. 속상하지도 않나? 참 둔감한 사람이네." 하며 수군댈지도 모릅니다.

하지만 그것은 좋은 의미의 둔감함입니다. 부정적인 감정에 휘둘리지 않고 당장 해결해야 할 일을 차분하게 처리해 나가는 것이야말로 둔감력 그 자체입니다.

담담한 마음으로 실수를 만회하고 나면 잠시 미뤄두었던 좌절과 고민은 마음속에서 온데간데없이 사라집니다. 그 결과, 시간을 더 의미 있고 생산적인 일에 쓸 수 있게 됩니다.

> 좋은 의미의 둔감함은 업무 생산력을 높이는 데 도움이 됩니다. 반대로 업무 생산력이 높은 사람은 어느 정도 둔감력을 갖춘 사람이라고 볼 수 있습니다.

심호흡을 잘하면
둔감한 마음의 힘이 강해집니다

사소한 실수를 하거나 상사에게 꾸중을 들어서 울적한 기분이 들 때, 머리로는 빨리 털어내려고 노력하지만 마음이 좀처럼 따라주지 않는 경우가 많습니다.

그럴 때는 심호흡이 도움이 됩니다. 숨을 깊이 들이마시고 천천히 내뱉습니다. 숨을 내뱉을 때는 호흡과 함께 마음속에 쌓인 불안, 짜증, 분노 같은 부정적인 감정도 함께 빠져나가는 이미지를 떠올립니다. 숨을 들이마실 때는 자연 속 에너지를 듬뿍 빨아들이는 이미지를 떠올립니다. 이렇게 심호흡만 잘해도 마음이 차

분해지고 우울한 기분이 사라지면서 지금 해야 할 일
에 집중할 수 있습니다. 잠시 실내에서 벗어나 옥상이
나 공원에 나가서 심호흡을 하면 더 빨리 기분을 전환
할 수 있습니다.

다만 심호흡이 한숨이 되지 않도록 조심해야 합니
다. 심호흡도 한숨도 어떤 의미에서는 똑같은 호흡이
지만 심리적인 효과는 정반대이기 때문입니다. 심호흡
은 기분 전환에 효과적이지만 한숨은 사람을 더 우울
하게 합니다. '휴~. 또 상사한테 혼났어. 나는 정말 아
무짝에도 쓸 데가 없는 사람인가 봐.' 하고 한숨을 쉬
면 무거운 마음이 더더욱 무거워집니다. 심호흡은 둔
감한 마음의 힘을 강하게 하지만, 한숨은 역효과만 낸
다는 사실을 꼭 기억하기 바랍니다.

> 우울한 기분일 때 한숨은 금물입니다. 차분
> 하게 심호흡을 하면서 긍정적인 기운을 듬
> 뿍 빨아들이세요.

부정적인 생각을 멈추고
긍정적으로 생각하려고 노력하세요

'발상의 전환'도 우울함을 떨쳐내는 데 효과적입니다. 가라앉은 기분에서 쉽게 벗어나지 못하는 사람은 부정적인 생각에 자주 사로잡히는 경향이 있습니다.

업무 중에 실수를 저지른다. ➡ 상사에게 야단맞는다. ➡ 자기 능력을 의심한다. ➡ 동료들이 자기를 우습게 여긴다고 생각한다. ➡ 직장에서 설 자리를 잃었다고 생각한다.

이런 식으로 부정적인 생각이 꼬리에 꼬리를 물고

이어집니다. 우울함에 사로잡힌 채 쉽게 기분을 전환
하지 못하죠. 사실 우리는 누구나 이런 부정적인 사고
에 빠지기 쉽습니다. 그런 의미에서 보자면 부정적인
사고에 빠지는 것은 감정의 자연스러운 흐름입니다.

그러나 이런 때야말로 둔감력이 필요합니다. 둔감력
을 이용해 부정적인 사고를 긍정적인 사고로 전환해
야 합니다.

이런 식으로 부정적인 생각이 꼬리에 꼬리를 물고
이어집니다. 우울함에 사로잡힌 채 쉽게 기분을 전환
하지 못하죠. 사실 우리는 누구나 이런 부정적인 사고
에 빠지기 쉽습니다. 그런 의미에서 보자면 부정적인
사고에 빠지는 것은 감정의 자연스러운 흐름입니다.

그러나 이런 때야말로 둔감력이 필요합니다. 둔감력
을 이용해 부정적인 사고를 긍정적인 사고로 전환해
야 합니다.

일하다가 실수를 저질렀다.

➡ '경험이 쌓인 만큼 앞으로 일하는 데 더 도움이 될 거야. 좋은

인생 공부했다고 생각하자.'

상사에게 꾸중을 들었다.

➡ '나에게 기대가 크니까 야단도 치는 거야. 상사의 기대에 부
　응하기 위해서라도 더 열심히 노력하자.'

　이렇게 **긍정적인 방향으로 발상을 전환하면 실수하
거나 꾸중을 들어도 깊은 절망감에 사로잡히지 않습니
다.** 더불어 기분을 전환하는 능력도 더욱 높아집니다.

　　안 좋은 일에서도 긍정적인 면을 찾아보세
　　요. 부정적인 생각은 부정적인 결과를 낳
　　고, 긍정적인 생각은 긍정적인 결과를 낳습
　　니다.

마음에 여유가 사라질수록
둔감력이 약해집니다

사람은 마음에 여유가 없어지면 신경이 날카로워져서 사소한 일에도 과민하게 반응합니다. 조금만 일이 꼬이거나 실수가 생겨도 예민하게 받아들이며 좌절하게 되죠.

심리학에는 마음에 여유가 있는 사람과 없는 사람이 똑같은 경험을 했을 때 어떤 반응을 보이는지 조사한 연구가 있습니다. 그 결과, 마음에 여유가 없는 사람이 '우울하다, 괴롭다, 피곤하다'와 같은 부정적인 감정을 훨씬 더 많이 느낀다는 사실이 밝혀졌죠. 또한 마음에 여유가 없는 사람이 절박감을 더 강하게 느낀다는 사실도 입증되었습니다.

절박감이란 '궁지에 몰려 도망칠 곳이 없다고 느끼는 감정'을 말합니다. 우울해지거나 괴로워지면 그 감정에서 벗어나지 못할 것만 같은 두려움에 사로잡힙니다. 정신적으로 지치면 '나는 이제 한계에 다다랐어. 더는 못 견디겠어.' 하는 생각에 마음을 빼앗기고 말죠.

이런 막다른 상태에 몰리기 전에 마음의 여유를 되찾아야 합니다. 그러려면 먼저 자기가 현재 놓인 상황을 돌아봐야 합니다. '요즘 너무 일을 많이 해서 지쳤나?', '압박감이 컸나?' 하며 **마음의 여유를 잃은 원인을 찾아내는 것**이죠.

원인을 알아야 대책을 세울 수 있습니다. 그러면 마음의 여유를 되찾아 둔감력을 회복할 수 있습니다.

자기가 놓인 상황을 되돌아보며 마음의 여유를 빼앗긴 원인을 생각해 보세요. 당신을 초조하게 만드는 일은 생각보다 가까이에 있습니다.

넉넉한 시간적 여유가
마음의 여유를 불러옵니다

제가 아는 어느 회사원은 빠듯한 일정과 업무에 대한 압박감 탓에 정신적인 여유를 잃고 말았습니다. 그래서 별것도 아닌 일로 짜증을 내거나 부하들을 다그치는 일이 잦아졌죠. 사소한 일로 고민하고 우울해하는 일도 부쩍 늘었습니다. 급기야 한 번 우울해지면 좀처럼 털고 일어나지 못하게 되었습니다. 그는 결국 '나는 정말 쓸모없는 인간이야. 이제 다 끝났어!' 하며 절망감에 사로잡히고 말았습니다.

그 회사원은 이런 상태에서 벗어나고 싶었습니다. 그래서 자신의 상황을 되돌아보기로 했습니다. 그 결과 다이어리의 일정이 빈틈없이 꽉꽉 차 있다는 사실을 깨달았습니다. 다이어리의 일정표가 빡빡해야 능력 있는 사람이라는 믿음이 강해서 끊임없이 일정을 채우는 게 습관이 되어 있었다는 사실을 발견했죠.

그는 필요 없는 일정을 줄여서 시간적인 여유를 가지려고 노력했습니다. 그 뒤 마음에 여유를 되찾으면서 압박감이 한결 줄어들었고 사소한 일에 예민하게 반응하는 일도 사라졌습니다.

이렇듯 **시간적 여유는 마음의 여유를 되찾아줍니다.** 마음의 여유는 둔감력을 강하게 만들어 주고요.

다이어리를 일정으로 가득 채우면 마음의 여유가 사라집니다. 때로는 비우는 것도 일을 잘하는 좋은 방법입니다.

내 편을 가까이에 두면
마음이 평온해집니다

둔감력을 갖춘 사람은 다음과 같은 특징이
있습니다.

❖   문제가 생겨도 너무 심각하게 받아들이지 않는다.

❖   작은 일로 과민 반응하지 않는다.

❖   기분 나쁜 일을 오래 생각하지 않는다.

❖   자기 자신을 몰아세우지 않는다.

달리 말하면 둔감한 사람은 마음의 여유를 소중히
여기며 살아가는 자세를 갖고 있습니다. 위에서 말한

특징은 **마음의 건강을 지키며 살아가는 비결**이기도 합니다. 사람은 마음과 몸이 두루 건강해야 긍정적인 마음으로 생기 넘치게 살아갈 수 있습니다.

마음에 여유를 가지려면 항상 내 편이 되어 주고 나를 보듬어 주는 사람이 곁에 있어야 합니다. 고민이 생겼을 때 의논 상대가 되어 주는 사람, 곤란에 처했을 때 적절한 조언을 해 주는 사람, 우울할 때 위로하거나 격려해 주는 사람, 어떤 일이 있어도 내 편이 되어 주는 사람. 이런 사람이 있으면 실패하거나 기분 나쁜 일을 겪어도 깊은 절망감이나 분노에 사로잡히지 않을 수 있습니다. 당장 만나서 속마음을 털어놓지 않더라도 그 사람의 얼굴을 떠올리며 '나는 늘 내 편이 되어 주는 그 사람이 있으니까 괜찮아.' 하고 마음을 편히 가질 수 있습니다.

굳게 믿고 의지하는 동료나 친구, 가족을 소중히 대하고 좋은 관계를 유지하세요. 그들이 존재한다는 사실만으로도 내가 여유를 갖고 살아가는 데 크나큰 힘이 됩니다.

힘겨울 때 나를 응원해 주는 사람을 곁에
두세요. 사람 그 자체가 인생에서 가장 소
중한 재산입니다.

일, 회사, 그리고 직장 상사와 적당한 정신적 거리를 둡니다

일이 잘 안 풀려서 상사에게 압박을 받을 때마다 위가 쿡쿡 쑤시는 듯하다고 말하는 사람이 있습니다. 그런 날들이 이어지면 건강에 좋지 않습니다. 그러다가 정말 심각한 병을 얻을지도 모르죠. 물론 몸에 이상이 오기 전에 심리적으로 녹초가 될 가능성이 높습니다.

그럴 때일수록 둔감력이 필요합니다. 둔감한 사람은 일이 잘 풀리지 않아도 마음을 안정적으로 유지하므로 상사의 압박을 느긋하게 받아넘길 수 있습니다. 마음에 여유가 있으니 안 좋은 상황에서도 좋은 아이디어를 떠올리기 쉽죠. 갑작스럽게 위기가 찾아와도 강한 추진력을 발휘할 수 있는 에너지, 그게 바로 둔감력의 힘입니다.

마음에 여유를 갖는 좋은 방법 중에 하나로 '심리적인 거리 두기'가 있습니다. **일이나 회사, 상사와 정신적으로 거리를 두려고 노력**하는 것입니다.

'일하다가 실수 좀 했다고 사람 목숨이 어떻게 되는 건 아니잖아.'

'이 회사가 아니더라도 세상에 내 능력을 인정해 줄 회사는 많아.'

'저 상사랑 평생 같이 일할 것도 아닌데, 뭐.'

이런 식으로 느긋하게 생각하면 일, 회사, 상사와 적당한 정신적 거리를 둘 수 있습니다. 그러면 마음에 여유가 생겨서 스스로를 정신적으로 몰아세우는 일도 사라지죠. 당연히 속 쓰린 나날과도 안녕을 고할 수 있습니다.

실패 좀 했다고 세상이 끝나는 것은 아닙니다. 일과 회사로부터 자신을 분리하면 일상이 즐거운 일로 채워집니다.

늙어감을 신경 쓰지 않으면
오히려 젊음을 유지할 수 있습니다

사람은 성장기가 끝나면 노화가 시작됩니다. 30대가 되면 20대 때보다 체력이 떨어집니다. 40대가 되면 30대 때보다 시력이 나빠집니다. 50대가 되면 40대 때보다 기억력이 약해지죠.

하지만 노화를 서글프게 생각하면 마음만 더 울적해질 뿐입니다. 인생을 밝고 긍정적인 자세로 살아갈 수 없습니다. 반대로 노화를 둔감하게 받아들이면 조금 더 행복하게 살아갈 수 있습니다.

물론 몸 상태를 꼼꼼히 체크하는 것은 건강 관리의 기본입니다. 병을 빨리 알아차리고 조기에 치료하면 오래도록 건강을 유지할 수 있으니까요. 그럼에도 **노화에는 조금 둔감해지는 편이 좋습니다.** 전보다 깜빡깜빡하는 일이 잦아져도, 체력이 약해져서 빨리 피곤을 느껴도 심각하게 받아들일 필요는 없습니다. 흰머리와 주름이 하나둘 늘었다고 슬퍼하며 한숨 쉴 필요도 없습니다. 노화에 둔감해지면 나이가 들어서도 젊게 살아갈 수 있습니다. **둔감력이야말로 젊음을 유지하는 비결입니다.**

나이 들었다는 사실이 문득문득 느껴져도 너무 신경 쓰지 마세요. 마음이 젊을수록 노화도 천천히 진행됩니다.

인생을 너무 진지하게 받아들이면
노화 진행 속도도 빨라집니다

🌰 ———— 일본 에도 시대의 시인인 게이 기이쓰慶紀逸, 1695~1762는 "진지함이 사람을 늙게 한다"고 말했습니다. 여기서 진지함이란 '너무 심각하게 생각한다'는 의미로 해석할 수 있습니다. 무슨 일이든 너무 진지하게 생각하는 것이 노화의 시작이라는 말이죠.

게이 기이쓰의 말은 '심각하게 생각하지 않는 게 젊음을 유지하는 비결이다'라고 바꿔 말할 수 있을 듯합니다. 살다 보면 고민스러운 일, 괴로운 일에 맞닥뜨릴 때가 많습니다. 그럴 때일수록 너무 심각하게 받아들이지 않으려는 마음 자세가 중요합니다. **고민스러운**

일, 괴로운 일을 둔감하게 받아들이는 자세, 즉 신경 쓰지 않는 자세가 필요하죠.

너무 깊이 고민하면 흰머리가 한 가닥씩 늘어날지도 모릅니다. 지나치게 걱정하면 주름이 한 줄씩 늘어날지도 모릅니다. 그럴수록 체력도 정신력도 쇠약해져 갈 테고요.

심각한 일에 둔감해져서 느긋한 마음으로 받아들이면 젊음을 유지할 수 있습니다. 그러면 아무리 나이가 들어도 호기심을 간직한 채 살아갈 수 있습니다. 생기 넘치는 도전 정신을 잃지 않고 살아갈 수 있습니다. 모든 일을 가벼운 마음으로 받아들이면 언제까지나 열정적으로 인생을 즐길 수 있습니다.

심각하게 받아들이지 않는 자세가 오래도록 젊음을 유지하는 비결입니다. 열정적인 인생을 위해 고민을 놓아 버리세요.

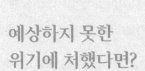

제 5 장

예상하지 못한
위기에 처했다면?

초조해하지 않고
서두르지 않으며
나답게 해결합니다

예기치 못한 절박한 상황은
둔감한 마음으로 돌파합니다

우리는 일이 생각대로 풀리지 않을 때나 절박한 상황에 몰렸을 때, 예기치 못한 문제가 터져서 한시바삐 해결해야 할 때면 초조함을 느낍니다. '어떻게든 빨리 해결해야 하는데…….' 하며 조바심을 느끼게 되죠.

이것은 인간이 느끼는 자연스러운 감정입니다. 하지만 안달하면 안달할수록 마음만 급해져서 상황이 점점 더 나빠집니다. 마음은 조급한데 머릿속이 새하얘져서 무엇을 어떻게 해야 할지 모르는 경우도 많죠.

절박할 때야말로 조바심은 금물입니다. 그럴 때일수

록 둔감함이 필요하죠. 둔감한 사람은 급박한 상황에 서도 동요하지 않고 차분하게 대처해 나갑니다. 둔감 력이 마음의 안정을 되찾아 주기 때문입니다.

안달복달하며 조급하게 굴기보다는 침착하게 대처해 야 궁지에 몰린 상황을 극복할 수 있습니다. 막다른 길 에 내몰렸을 때일수록 평온한 표정을 지으려고 노력 해야 합니다. "괜찮아. 어떻게든 될 거야. 침착하자." 하고 자기 자신에게 말을 건네는 방법도 효과적입니 다. 휘파람을 불거나 콧노래를 흥얼거려도 좋습니다. 궁지에 몰렸을 때일수록 여유 있게 행동해야 마음의 안정을 빨리 회복할 수 있습니다.

> 궁지에 몰렸을 때는 휘파람을 불거나 콧노 래를 부르며 마음의 안정을 되찾아 보세요. 일도 수월하게 해결됩니다.

'어떻게든 해야지'보다는
'어떻게든 되겠지'라고 생각하세요

궁지에 빠졌을 때는 차라리 마음을 편하게 먹는 편이 낫습니다. 마음이 편안해지면 냉정한 판단력이 되살아나고 이성적으로 생각할 여유가 생기기 때문이죠.

그런데 우리는 막다른 길에 몰리면 자기도 모르게 '어떻게든 해야 해!' 하며 안간힘을 다해 매달립니다. 이렇게 사명감을 불태우며 어떻게든 해결하려고 노력해도 상황은 오히려 점점 나빠져만 가죠. 그럴수록 마음만 더 앞서서 초조함이 극을 향해 치닫습니다. 이럴 때는 '어떻게든 해야 해!' 하며 씨름하기보다는 느긋한 마음으로 '어떻게든 되겠지.' 하고 받아들이는 편이 낫습니다.

"어떻게든 되겠죠, 뭐." 하고 말하면 "지금처럼 급박한 상황에 무슨 그런 속 편한 소리를 해요?" 하며 발끈하는 사람이 있을지도 모릅니다. 그런 말에 신경이 곤두서서 화를 내거나 감정적으로 반응하면 서로 이성을 잃고 다투게 될 뿐입니다. 느긋한 마음을 유지해야 냉정하게 대처할 수 있습니다.

'어떻게든 되겠지'라는 마음가짐은 무책임한 회피가 아닙니다. **차분한 마음으로 냉정하게 판단하여 문제를 해결하는 좋은 대처법 가운데 하나입니다.**

궁지에 빠졌을 때일수록 느긋하게 생각하세요. 조바심을 부린다고 해서 안 되던 일이 되지는 않습니다.

급할수록 서두르거나 당황하지 않고 천천히 나아갑니다

서양 속담에 '천천히 서둘러라'라는 말이 있습니다. 사람은 궁지에 몰리면 그 상황에서 한시라도 빨리 벗어나고 싶다는 생각에 마음이 조급해집니다. 하지만 그럴 때일수록 '천천히'를 마음에 새겨야 합니다. 설령 주변에서 "천하태평이 따로 없군. 너무 둔감한 거 아니야?" 하며 눈총을 주더라도 신경 쓸 필요 없습니다. '천천히'라는 말은 아무것도 하지 말라는 뜻이 아닙니다. 천천히 꼼꼼하게 일을 처리하라는 말이죠. 이것이 바로 '천천히 서둘러라'라는 속담에 담긴 의미입니다.

서양 속담에는 '서두르면 일을 그르친다'는 말도 있습니다. "빨리빨리!" 하며 서두르다 보면 중요한 부분을 놓쳐서 크나큰 실패로 이어질 수 있습니다. 그러면 모든 일을 처음부터 다시 시작해야 하죠. 차라리 '천천히 서두르자.' 하고 느긋하게 마음먹는 게 현명합니다.

'둔감하다'의 '둔(鈍)'에는 둔하다는 의미가 있습니다. '둔하다'에는 '머리 회전이 느리다. 행동이 느리다'는 부정적인 의미도 있죠. 하지만 **궁지에 몰렸을 때일수록 일부러라도 둔해지려고 노력하며 느리게 행동하는 편이 좋습니다.** 둔감해지면 그만큼 덜 당황하고 덜 초조해지기 때문이죠. 둔감력은 서두르다가 일을 그르치지 않도록 도와주는 삶의 지혜이기도 합니다.

예상치 못한 일이 생겼을 때 당황하면 더 많이 실수하게 됩니다. 반대로 차분하게 생각하고 천천히 행동하면 궁지에서 벗어날 수 있습니다.

회사에 떠도는 근거 없는 소문에
귀 기울이지 않습니다

심리학에 '예기 불안'이라는 말이 있습니다. 예기 불안이란 '나쁜 결과나 재앙이 닥친다고 생각해서 불안해하고 정신적으로 동요하는 상태'를 뜻합니다. 나쁜 일이 일어난다는 확실한 근거가 없는데도 강한 불안을 느끼는 것이죠.

소문은 예기 불안이 생기는 원인 중 하나입니다. 예컨대 회사에 "회사 상황이 나빠져서 구조 조정을 한다더라고요. 희망퇴직 신청을 받는다는 얘기도 있고요." 하는 소문이 파다하게 퍼졌다고 하죠. 그러면 어떤 사람은 소문에 현혹되어 '구조 조정이 시작되면 내가 제

일 먼저 잘리는 거 아냐?' 하며 불안해합니다. 정말로 구조 조정이 있을지 확실치 않고, 자기가 구조 조정 대상에 속한다는 아무런 근거도 없는데 그런 소문에 마음이 흔들려 예기 불안이 커지는 것이죠. 그 탓에 머리가 복잡해서 일에 집중하지 못하고 실수를 연발하는 상황이 벌어질지도 모릅니다.

회사 같은 조직에는 하루가 멀다 하고 이런저런 소문이 나돕니다. 그런 소문을 듣고 **예기 불안에 사로잡히지 않으려면 소문에 둔감해져야 합니다. 한 귀로 듣고 한 귀로 흘려버려야 합니다.**

> 소문은 소문일 뿐입니다. 실체 없는 이야기에 신경 쓰지 마세요. 소문에 둔감해지면 마음이 현실을 정확하게 바라보고 대처할 수 있습니다.

불안을 조장하는 정보는
차라리 듣지 않는 게 낫습니다

현대는 정보화 사회라고들 말합니다. 매스컴을 통해 흘러나오는 정보부터 주변 사람들이 알려주는 정보까지, 우리는 정보의 홍수 속에서 살아가고 있습니다. 그리고 그런 정보 중에는 마음을 불안하게 하는 소식도 적지 않죠.

경기 침체가 심해지고 있다는 뉴스를 들으면 '우리 회사도 매출이 떨어져서 연봉이 깎이는 거 아냐?' 하고 불안해집니다. 요즘 들어 우울증으로 휴직하는 사람이 늘고 있다는 소식을 접하면 '혹시 나도 우울증인가?' 하며 마음이 뒤숭숭해집니다. 친구 컴퓨터가 바이러스에 걸렸다는 이야기를 들으면 '내 컴퓨터는 괜찮을까? 나도 똑같은 피해를 보면 어쩌지?' 하며 걱정하기 시작하죠.

이런 부정적인 정보에 일일이 반응하면 마음을 평온하게 유지할 수 없습니다. 일에도 온전히 집중할 수 없고 안정적으로 생활하기도 어려워집니다.

물론 의미 있는 정보는 일에도 도움이 되고 삶을 더욱 풍성하게 만듭니다. **하지만 불안을 조장하는 정보에는 둔감해지는 게 현명합니다.** 그래야 정보의 바다 같은 세상을 차분히 헤엄쳐 나갈 수 있습니다. 부정적인 정보를 들을 때마다 불안해하며 안절부절못하기보다는 조금 둔감하게 흘려 넘기는 편이 좋습니다.

> 주변에는 쓸데없이 불안을 조장하는 정보와 가짜 뉴스가 많습니다. 출처가 분명하지 않은 정보, 일어날 가능성이 희박한 정보는 귀담아듣지 마세요.

나이에 쫓기듯 결혼하지 말고
나만의 행복을 찾습니다

제가 아는 어느 30대 여성은 요즘 들어 부쩍 초조해진다고 말했습니다. 친구들은 하나둘 짝을 찾아 결혼하는데 자기만 아직 싱글이기 때문입니다. 친하게 지내는 남자 친구는 많지만 애인은 없습니다. 그래서 '이대로 가다가 나 혼자만 남겨지는 건 아닐까?' 하며 애가 타기 시작했죠.

하지만 연애나 결혼을 조급하게 서두르면 좋을 게 하나도 없습니다. 초조함 탓에 마음이 맞지 않는 상대와 연애를 시작하고 그대로 결혼해서 결국 스스로 불행을 만들어내는 일도 적지 않으니까요.

결혼 상대는 차분한 상태에서 결정해야 합니다. 그런 의미에서 둔감력이 아주 중요하죠. 30대에 아직 싱글이라고 해서 걱정할 필요는 없습니다. 친구들이 모두 짝을 찾아 떠난다고 마음 졸일 필요도 없습니다. **나는 나, 남은 남**입니다. 그렇게 딱 잘라 생각하고 연애나 결혼에 조금 둔감해지면 나답고 활기찬 삶을 살아갈 수 있습니다.

결혼은 인생의 전부가 아닙니다. 행복의 보증 수표도 아니죠. 결혼이 늦어진다고 해서 남보다 뒤처지는 게 아닙니다. 더 나이 들어서 좋은 사람을 만나지 말라는 법도 없죠.

중요한 것은 자기만의 행복을 찾는 것입니다. 둔감력을 갖추면 차분한 마음으로 자기만의 행복을 찾는 데 큰 힘이 됩니다.

나이에 밀려 무작정 결혼을 서두르면 실패할 가능성이 높습니다. 좋은 인연은 어떻게든 만나게 되어 있습니다.

출세나 성공이
인생의 전부는 아닙니다

어느 남성은 자꾸 승진에 밀려서 고민이 이만저만이 아닙니다. 동기들은 모두 과장이나 부장 같은 관리직으로 승진했고, 어떤 친구는 이미 임원 자리까지 올랐습니다. 자기만 아직껏 실무자 딱지를 떼지 못한 채 현장을 전전하고 있죠. 벌써 40대 후반인데 출세할 기회가 돌아오지 않으니 날이 갈수록 초조한 마음이 커집니다.

승진이 늦어지는 데 초조함을 느낀다는 것은 그만큼 성공에 집착한다는 증거입니다. 차라리 집착을 조금 내려놓고 성공이 아닌 다른 것에서 행복의 가치를 찾으려고 노력하는 편이 낫습니다. 계속 승진에 실패하면 자신감만 잃게 될 테니까요.

'내 인생의 목표는 출세가 아니잖아. 사랑하는 가족과 즐겁고 행복하게 살아가는 삶이 가장 큰 기쁨이지.' 하고 마음을 다잡아 보는 건 어떨까요? 나만의 행복은 무엇인지 진지하게 고민해 보세요.

"출세가 전부는 아니다."라고 말하면 주변 사람들이 '패자의 변명'이라며 비아냥거릴지도 모릅니다. 하지만 신경 쓸 필요 없습니다. 주위에서 하는 말은 둔감하게 흘려버리고 자기가 생각하는 행복한 삶을 마음껏 즐기면 그만입니다.

> 출세든 성공이든 모두 다른 사람이 만들어 낸 기준일 뿐입니다. 자신이 진짜 중요하게 생각하는 행복의 기준은 무엇인지 생각해 보세요.

기대 수준을 낮추면
긴장감은 자연스레 사라집니다

사람들이 많이 모인 자리에서 시선을 받으면 몸이 바짝 굳고 식은땀이 줄줄 흐르는 사람이 있습니다.

'나는 말솜씨가 없어서 이렇게 많은 사람을 설득할 수 없을 거야.'

'나는 매력이 없어서 사람들의 마음을 사로잡을 수 없을 거야.'

이렇게 자신감이 부족하면 긴장감은 더더욱 커지게 마련입니다. 하지만 실제로는 자기 생각과 달리 개성과 매력이 넘치고 설득력 있는 말솜씨를 갖춘 사람인 경우도 적지 않죠. 자신감이 없어지는 이유는 자기 자신에 대한 기대 수준이 지나치게 높기 때문입니다.

'아나운서처럼 유창하게 말해야만 많은 사람을 설득할 수 있어.'

'매력 넘치는 배우처럼 보여야 사람들의 마음을 끌어당길 수 있어.'

이렇게 생각하며 자신을 실제보다 낮게 평가하다 보니 자신감을 잃고 긴장하는 것입니다.

이런 사람은 **자신에 대한 기대 수준을 낮춰야 합니다.** 둔감력을 발휘해 '더듬거리더라도 의미를 전하는 데 집중하자. 나도 나만의 개성과 매력이 있잖아.' 하고 당당하게 마음먹으면 긴장감이 사라져 좋은 결과를 얻을 수 있습니다.

더듬거리더라도 의미만 제대로 전달되면 충분합니다. 모두가 아나운서처럼, 잘생긴 배우처럼 말하고 행동할 수는 없습니다.

제 6 장

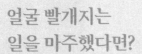

얼굴 빨개지는
일을 마주했다면?

불쾌한 일은 담아두지 않고
그날 안에 잊어버립니다

흘러간 시간은 그 누구도
돌이킬 수 없습니다

과거의 실패나 안 좋은 일을 오래도록 곱씹는 사람이 있습니다. '왜 그런 바보 같은 짓을 저질렀을까?' 하며 되새기고 또 되새기는 것이죠. 주변에서 성실하다고 인정받는 사람일수록 지난 일을 두고두고 괴로워하는 경향이 있습니다. 물론 일을 할 때나 사람을 대할 때 성실함은 중요한 덕목입니다. 성실해야 주변 사람들의 신뢰를 얻을 수 있으니까요.

그러나 성실하고 착실한 성격인 사람은 내성적인 경우가 많습니다. 그래서 자기가 한 실수를 되돌아보며 깊은 반성에 빠지기 쉽죠. 자신을 돌아보고 과거의 실수를 타산지석으로 삼는 자세도 좋지만, 너무 깊이 고민하지 않도록 주의해야 합니다.

이미 저지른 실패를 후회하고 고민한다고 해서 과거가 달라지지는 않습니다. 자신감을 잃어 점점 더 부정적인 방향으로만 생각이 쏠릴 뿐이죠. 차라리 둔감력을 발휘해 지난 일을 깨끗이 잊고 미래를 바라보며 긍정적으로 살아가는 편이 더 현명합니다.

아무리 고민해도 돌이킬 수 없는 **과거의 실수를 잘잊는 것도 밝고 활기찬 삶을 살아가는 요령**입니다.

> 지나간 일에 둔감해지면 긍정적인 마음이 되살아납니다. 빨리 잊는 사람이 더 즐겁게 살아가는 이유입니다.

나쁜 기억력을 가진 사람은
기분 전환을 잘합니다

미국 영화배우 잉그리드 버그먼 Ingrid Bergman,
1915~1982은 "행복은 건강한 신체와 나쁜 기억력에서 온
다."라고 말했습니다.

건강한 몸이 행복의 조건이라는 데는 누구나 고개를
끄덕입니다. 하지만 나쁜 기억력이라는 말에는 고개를
갸웃할지도 모르겠군요. 여기에서 말하는 나쁜 기억력
이란 머리가 나쁘다거나 멍청하다는 의미가 아닙니다.
아무리 고민해도 해결할 수 없는 일은 잘 잊으라는 뜻
입니다. 다시 말해 마음속 분노나 찜찜함을 씻은 듯이
잊어버리라는 의미입니다.

잘 잊는 사람은 '이미 지난 일을 고민해봤자 아무 소용도 없잖아. 과거가 아니라 미래를 생각하자.' 하며 편안한 마음으로 한 걸음 앞으로 나아갈 수 있습니다. 살다 보면 고민할 일이 아주 많습니다. 그래서 버그만은 나쁜 기억력을 행복의 조건 중 하나로 꼽은 것이죠.

잘 잊으려면 고민하지 않아야 합니다. 고민거리가 생겼을 때는 마음이 맞는 친구와 대화를 나누거나, 재미있는 게임을 하거나, 취미에 집중하는 등 즐거운 일을 하는 편이 좋습니다.

"그렇게 힘든 일이 있었는데 아무렇지도 않게 웃고 떠들다니, 어쩜 저렇게 둔감할까?"

누군가는 이렇게 빈정거릴지도 모릅니다. 하지만 신경 쓸 필요는 없습니다. 조금 둔감한 사람이 부정적인 감정을 빨리 털어 내고 밝게 살아갈 수 있으니까요.

잘 기억하는 것만큼 잘 잊는 것도 중요합니다. 살다 보면 기억하고 싶은 일만큼이나 잊고 싶은 일도 많으니까요.

일이 잘 풀리지 않아도
다른 사람을 탓하지 않습니다

분노, 원망, 억울함 같은 감정은 가능한 한 빨리 떨쳐 내야 마음의 평안을 되찾을 수 있습니다. 부정적인 감정은 오래 가지고 있어 봤자 아무런 도움도 되지 않죠. 과거에 얽매여 있으면 미래를 설계하는 데 걸림돌이 될 뿐입니다.

분노, 원망, 억울함 같은 감정을 빨리 털어내려면 다른 사람을 탓하는 마음을 내려놓아야 합니다. 일이 잘 풀리지 않거나 결과가 나쁘면 무심코 '저 사람이 일을 다 망쳐놨어!', '저 사람 때문에 나까지 손해 봤어!' 하며 원망하는 사람들이 있습니다.

　분노, 원망, 억울함 같은 감정이 생기는 이유는 '남 탓'을 하기 때문입니다. 다른 사람을 탓하다 보면 상대방에 대한 분노와 미움 등의 감정이 솟아오르고, 결국 안 좋은 일이 머릿속을 가득 채우게 되죠.

　누군가를 탓하고 싶어질 때는 '그 사람 잘못도 내 잘못도 아니야. 그리고 누가 잘못했는지는 중요하지 않아. 지난 일은 어차피 되돌릴 수 없잖아. 그러니 더 이상 생각하지 말자.' 하며 둔감하게 받아들이는 편이 좋습니다. 그래야 이미 일어난 과거를 훌훌 털고 미래를 향해 나아갈 수 있습니다.

　　일이 잘못되었을 때 다른 누군가를 탓하는
　　건 아무런 효과가 없습니다. 그저 마음속에
　　미움과 분노만 자랄 뿐입니다.

둔감력을 가진 사람은
헛된 일도 귀중한 경험으로 바꿉니다

누구나 불필요한 일이나 헛된 고생은 하고 싶지 않습니다. 금쪽같은 시간과 돈을 의미 있는 곳에 쓰고 싶은 게 당연하죠. 그런데 우리는 사실 불필요한 일을 아주 많이 합니다. 때로는 인생을 한참 돌아가기도 하고, 돈을 헛되이 쓰기도 합니다. 열심히 노력했지만 아무런 성과를 얻지 못하는 경우도 부지기수입니다.

그럴 때 대부분의 사람은 '괜히 쓸데없는 짓을 하느라 시간과 돈만 낭비했구나.' 하며 후회합니다. 그런데 이렇게 후회해 버리면 그 경험은 정말로 '쓸데없는 짓'

이 되고 맙니다. 헛된 고생을 했다고 여겨지는 일에서
도 무언가를 배워 인생에 활용한다면 그 일은 '소중한
경험'으로 바뀌는 데 말이죠.

프랑스 조각가 오귀스트 로댕 Auguste Rodin, 1840~1917은
"경험을 현명하게 사용한다면 어떤 일도 시간 낭비가
아니다."라고 말했습니다. **쓸모없다고 여겨지는 경험
도 귀중한 경험으로 바꿀 수 있습니다.** 그러면 후회라
는 감정도 자연스레 사라지죠.

쓸데없는 짓을 했다는 생각이 들 때일수록 둔감해져
야 합니다. 후회에 사로잡히기보다는 그 경험을 잘 살
릴 방법을 생각하는 긍정적인 자세가 중요합니다.

> 쓸데없는 경험도 얼마든지 귀중한 경험으
> 로 바꿀 수 있습니다. 그리고 때론 쓸데없
> 는 일이 생산적인 아이디어로 이어지는 경
> 우도 있습니다.

이해득실에 둔감해지면
여유롭게 살아갈 수 있습니다

살다 보면 손해 봤다고 여겨지는 일이 적 잖이 일어납니다.

'큰맘 먹고 비싼 가전제품을 샀는데 사용하기 불편해. 돈 아까워.'

'실력 향상에 도움이 된대서 학습 교재를 세트로 샀는데 아무 효과도 못 봤어. 상술에 넘어간 것 같아서 속상해.'

'최선을 다해서 일했는데 아무런 보상도 받지 못했어. 괜히 열심히 일했잖아. 억울해.'

이렇게 손해 봤다는 생각이 들면 그 생각이 머릿속

에서 쉽게 사라지지 않습니다. 비슷한 일이 생길 때마다 당시의 억울함과 분함이 마치 어제 일처럼 생생하게 떠오르죠. 이런 생각은 인생을 살아가는 데 아무런 도움도 되지 않습니다.

그렇다면 차라리 이해득실에 둔감해지는 편이 낫지 않을까요? 설령 손해 봤다 해도 '**좋은 인생 경험 했네.**' 하고 긍정적으로 받아들이며 신경 쓰지 않는 거죠. '나는 손해 봤을지도 모르지만 그만큼 누군가는 이득을 봤을 테니까 세상에 공헌한 셈 치자.' 하고 유연하게 생각하는 것입니다.

이렇게 둔감하게 받아들이면 **손해 봤다는 억울함에서 빨리 벗어날 수 있습니다.** 불쾌한 감정을 빨리 털어내고 긍정적으로 살아갈 수 있습니다.

　　누구나 인생을 살면서 손해를 봅니다. 아무리 똑똑한 사람도 늘 이익만을 취할 수는 없죠. 문제는 그 손해를 마음속의 손해로 이어가느냐, 이어가지 않느냐입니다.

둔감한 사람은 상처 주기보다
차라리 손해 보는 편을 택합니다

누군가에게 상처를 주면 미안해서 마음이 무거워지게 마련입니다. 그리고 우리는 생각보다 자주 누군가에게 상처를 주고 후회합니다.

그렇다면 왜 우리는 다른 사람에게 상처를 주는 걸까요? 그것은 사람은 누구나 자기를 방어하려는 보호 본능이 있기 때문입니다. 자칫 나에게 손해가 미칠지도 모른다는 생각에 자기도 모르게 다른 사람에게 책임을 떠넘기거나 상처를 주면서 나를 보호하는 것이죠.

하지만 당장 손해를 보지 않았더라도 누군가에게 상

처를 주었다는 죄책감은 남습니다. 그 죄책감이 커져서 결국 손해 이상의 손해를 자신에게 입히게 되지요. 이 죄책감으로부터 자유로울 수 있는 사람은 세상에 아무도 없습니다.

다른 사람에게 상처주지 않으려면 자기를 방어하고 싶다는 감정에 둔감해져야 합니다. 내게 약간 손해가 오더라도, 약간 상처를 받더라도 둔감하게 받아들이면서 넘겨야 합니다. 그러면 죄책감이라는 감정으로부터 완전히 자유로워질 수 있습니다. 누구보다도 정정당당하게 살아갈 수 있습니다.

> 인간은 다른 사람에게 상처를 주더라도 자기를 지키려 하는 방어 본능을 가지고 있습니다. 이런 감정으로부터 둔감해지면 스스로 부끄럽지 않게 살아갈 수 있습니다.

제 7 장

분노라는 감정을
이겨내기 힘들다면?

대범한 사람은
사소한 일에 반응하지 않습니다

기분 나쁜 말을 들어도
한 귀로 듣고 한 귀로 흘립니다

우리는 누구나 평온하고 편안한 삶이 이어지기를 원합니다. 그런데 분노와 증오라는 감정이 생기면 평화로운 삶이 순식간에 무너지고 말죠.

미국의 목사이자 수많은 인생 지침서를 남긴 조셉 머피 Joseph Murphy, 1898~1981는 **"분노와 증오는 마음의 독이다. 그 독에 중독되어 고통스러워하는 사람은 자기 자신이다."**라고 말했습니다.

예를 들어 누군가에게 불쾌한 말을 들으면 분노나 증오 같은 감정이 솟아납니다. 그러면 마음이 흐트러져서 눈앞에 놓인 일에 집중하지 못하죠. 밤마다 안 좋은 기억에 빠져 뒤척이느라 잠을 설칠지도 모릅니다. 그로 인해 고통 받는 사람은 결국 자기 자신입니다. 그래서 머피는 분노나 증오 같은 감정이 결국 자기 마음의 독이 된다고 지적했습니다.

그렇다면 어떻게 해야 분노나 증오 같은 감정을 느끼지 않고 살아갈 수 있을까요? 한 가지 좋은 방법이 바로 둔감해지는 것입니다. 다른 사람에게 기분 나쁜 말을 들어도 둔감하게 반응하며 한 귀로 흘려 넘기는 것이죠. 마음의 독에 중독되어 고통의 늪에 빠지지 않으려면 좋은 의미의 둔감함을 길러야 합니다.

> 기분 나쁜 말을 들어도 개의치 말고 가볍게 넘기세요. 분노나 증오 같은 마음의 독에 중독되면 자신이 가장 괴롭습니다.

무작정 참기보다는
신경 쓰지 않는 연습을 하세요

독일 속담에 '분노에 대한 최선의 답은 침묵이다'라는 말이 있습니다.

예를 들어 누군가에게 자존심 상하는 말을 들었다고 치죠. 그때 만일 울컥해서 욕을 퍼부으면 상대방도 발끈하면서 맞받아칠 겁니다. 그러면 서로 분노의 감정을 쏟아 내며 큰 싸움을 벌이겠죠. 그렇게 분노의 감정이 더욱 커져서 삶의 평온함이 온데간데없이 사라지고 맙니다. 물론 그 뒤로 여러 날을 불쑥불쑥 치밀어 오르는 화에 사로잡힌 채 보내게 될 테고요.

불쾌한 말을 들었을 때는 똑같이 갚아 주기보다는

침묵하는 편이 좋습니다. 그러면 불필요한 싸움으로 불쾌함을 느낄 일도 생기지 않으니까요. 다만 분노를 억누르며 억지로 참는 것은 그리 좋은 방법이 아닙니다. 억누른 분노가 스트레스가 되어 쌓이고 쌓이다가 어느 날 갑자기 폭발할 가능성도 있기 때문이죠.

'참자, 참아.' 하며 분노를 억누르기보다는 '신경 쓰지 말자. 그냥 그러려니 하면서 한 귀로 듣고 한 귀로 흘리자.' 하고 마음먹는 편이 좋습니다. 다시 말해 억지로 참기보다는 둔감력을 발휘해 **신경 쓰지 않아야 스트레스 없이 분노라는 감정을 잊을 수 있습니다.**

분노를 억누르면 스트레스가 됩니다. 스트레스는 쌓아 두었다가 푸는 게 아니라 자연스레 흘려버리는 것입니다.

복수하겠다는 생각은 결국
자신에게 해가 되어 돌아옵니다

 이솝 우화에 이런 이야기가 있습니다.

한 농부가 화가 머리끝까지 치솟았습니다. 여우 한 마리가 늘 밭을 엉망으로 헤집어 놓곤 했기 때문이죠. 어느 날 농부는 여우에게 복수해서 따끔한 맛을 보여 주겠다고 결심했습니다. 여우를 잡는 데 성공한 농부는 여우의 꼬리에 기름을 발라서 불을 붙였습니다. 꼬리에 불이 붙은 여우는 부리나케 도망쳤죠.

그런데 도망친 곳이 하필이면 농부의 밭이었습니다. 그때는 마침 농작물을 수확하는 시기였는데, 여우 꼬리에 붙은 불이 밭으로 옮겨붙는 바람에 농작물은 흔

적도 없이 몽땅 타 버리고 말았죠.

　이 이야기에는 '아무리 자기가 피해를 당해도 화내지 말아야 한다. 분노에 사로잡혀 복수할 생각은 더더욱 하지 말아야 한다. 그러면 자기 자신에게 해가 되어 돌아온다'는 교훈이 담겨 있습니다.

　여기에서도 둔감력의 중요성을 알 수 있습니다. 복수하고 싶은 생각이 드는 이유는 분노라는 감정에 사로잡히기 때문입니다. 그리고 그 분노는 결국 자기 자신에게 해가 되어 돌아오죠. 화나는 일이 생기면 감정에 사로잡히지 말고 둔감력을 발휘하세요. **억울하게 당한 피해를 보상받을 수 있는 방법을 냉정하게 이성적으로 생각해 보세요.** 그것이 자신을 지키는 최선의 방법입니다.

　　문제가 생겼을 때는 화를 내는 것보다 침착하게 해결책을 궁리하는 게 올바른 방법입니다. 물론 이때에도 둔감력이 필요합니다.

둔감한 사람은 언제나
마음의 평정을 유지합니다

다른 사람의 말이나 행동 때문에 피해를 입는 경우가 더러 있습니다. 피해를 주려는 의도가 없었다 해도 피해를 당한 입장에서는 화가 나게 마련이죠.

예를 들어 옆자리에 앉은 동료가 일하면서 펜으로 책상을 탁탁 두들기는 버릇이 있다고 칩시다. 고의로 하는 행동은 아니지만 주변 사람들은 신경이 쓰여서 일에 집중할 수가 없죠. 당연히 신경이 날카로워지고 짜증이 날 겁니다.

그럴 때 욱해서 "펜으로 책상 치는 소리가 거슬려서

도무지 일을 할 수가 없거든요? 방해되니까 그만 좀 해요!"하고 짜증 섞인 말투로 화를 내면 상대방도 감정이 상해 말다툼이 일어날지도 모릅니다. 그러면 신경이 더 곤두서고 짜증이 치솟아 마음의 평정을 완전히 잃어버릴 수도 있죠.

이럴 때야말로 둔감해져야 합니다. **감정의 변화에 둔감해지면 냉정함을 잃고 분노에 사로잡혀 벌컥 화를 내는 일이 사라집니다.** 차분하고 공손한 말투로 "펜으로 책상을 치지 말아 주시겠어요?"하고 부탁할 여유가 생기죠. 그러면 상대도 순순히 받아들이면서 조심하려고 노력할 겁니다. 이렇듯 감정에 둔감해져서 차분하게 대처하면 문제를 더 쉽게 해결할 수 있습니다.

벌컥 화를 내거나 짜증내기보다는 조용하고 공손하게 부탁하세요. 그래야 상대방도 차분하게 자신의 잘못을 깨닫고 반성합니다.

열까지 세는 동안
분노라는 감정에 둔감해집니다

둔감해지면 감정 조절이 순조로워집니다. 사소한 일로 벌컥 화를 내거나 감정적으로 격앙되어 언성을 높이는 일도 없어지죠. 감정의 흐트러짐에서 멀찍이 떨어져 평화로운 나날을 보낼 수 있습니다.

사실 둔감해지기란 그리 어려운 일이 아닙니다. 예컨대 분노는 아주 돌발적으로 일어나는 감정입니다. 심리학에서 연구한 결과에 따르면 분노가 지속되는 시간은 6초에서 10초 사이라고 합니다. 다시 말해 화가 나더라도 딱 6초에서 10초 정도만 둔감해지면 분노라는 감정이 사그라지는 것이죠.

분노라는 감정에 곧바로 반응해 언성을 높이거나 고함치며 감정을 폭발시키면 분노는 6초에서 10초 정도로는 가라앉지 않습니다. 시간이 갈수록 분노가 점점 커지고 지속하는 시간도 더욱 길어지죠.

'화가 나면 열을 세라'는 말이 있습니다. 이것도 분노에 둔감해지는 비결 가운데 하나입니다. 숫자를 세는 데 의식을 집중하면서 분노의 감정이 진정되기를 기다리면 평정심을 되찾을 수 있습니다.

분노라는 불편한 감정이 지속되는 시간은 고작 6초에서 10초 정도에 불과합니다. 그 시간만 잘 넘기면 당신의 인생은 즐거움으로 가득해집니다.

자신을 객관적으로 보고
평가하는 능력을 익히세요

분노라는 감정을 잘 가라앉히는 방법 중 하나로 화를 내고 있는 자신으로부터 의식을 분리하는 방법이 있습니다. 이것을 심리학에서는 '분리화(dissociate)'라고 부릅니다. dissociate라는 단어에는 '분리하다', '갈라놓다'라는 의미가 있습니다. 다시 말해 분리화란 '의식을 내면으로부터 분리함으로써 자기 자신을 객관적으로 바라보는 것'을 뜻합니다.

예컨대 강한 분노를 느꼈을 때 분노라는 감정을 외부에서 관찰하듯 제3자적인 시선으로 바라보세요. 그러면 '이런 사소한 일로 화를 내다니, 참 한심하구나.'

하고 자신을 객관적인 시선으로 평가할 수 있습니다. 그에 더해 '감정을 앞세우면 문제를 해결할 수 없어. 저 사람과의 관계만 불편해질 뿐이야.' 하는 냉정한 판단력도 생기죠.

분리화하는 습관을 들이면 분노라는 감정에 휘둘리지 않게 됩니다. 즉 분노에 둔감해지게 되죠. 분리화 능력을 높이는 데는 명상이 큰 도움이 됩니다. 여러분도 지금 당장 감정과 의식을 분리하는 훈련을 해 보세요.

외부의 시선으로 자신의 감정과 행동을 바라보세요. 분노라는 감정에서 손쉽게 의식을 분리할 수 있습니다.

감정을 글로 쓰면 상황을
객관적으로 볼 수 있습니다

심리학에서 말하는 분리화, 즉 자기 자신을 객관적으로 바라보려면 '상황을 글로 쓰는 방법'이 효과적입니다. 특히 욱하는 성격을 가진 사람일수록 그 효과가 큽니다. 노트를 갖고 다니며 **일상에서 화가 나거나 감정이 격해질 때마다 그 상황을 글로 적습니다.**

➡ 상사한테 또 한소리 들었다. 화가 나서 견딜 수가 없다.

➡ 내가 어제 한 말을 친구가 기억하지 못한다. 내 말에 귀 기울이지 않는 듯해서 기분이 나쁘다.

➡ 생각대로 되는 일이 하나도 없다. 짜증난다.

이런 식으로 분노를 느낀 이유를 간단하게 적는 것입니다. 감정을 글로 쓰면 자기 자신을 객관화할 수 있습니다. 분노라는 내면의 감정과 의식이 분리되어 한 발짝 떨어진 지점에서 자기 자신을 냉정하게 관찰할 수 있게 되죠. 이것이 분노라는 감정에 휘둘리지 않는 비결입니다.

'이성을 잃는다'라는 말이 있습니다. 이성을 잃는다는 말은 냉정함을 잃는다는 의미입니다. 달리 표현하자면 냉정하게 자기 자신을 객관화하는 능력을 잃는다는 뜻이죠. 즉 분리화 능력이 낮아지는 겁니다. 이때 글을 쓰면 자신을 객관화하는 능력이 되살아나서 이성을 잃는 일이 사라집니다.

펜과 노트를 늘 가까이에 두고 복잡한 자신의 감정을 글로 표현해 보세요. 내가 얼마나 즉흥적으로 감정에 반응하는지 발견할 수 있습니다.

분노를 느끼면
당장 그 자리에서 벗어나세요

심리학에서 말하는 분리화의 반대말은 '일체화(associate)'입니다. associate라는 단어에는 '밀접한 관계를 갖다', '결합하다'라는 뜻이 있습니다. 심리학에서 말하는 일체화란 '내면의 감정과 의식이 결합하여 자신을 객관적으로 볼 수 없는 상태'를 뜻합니다. 감정적이 되거나, 감정에 휘둘리거나, 이성을 잃고 고함치는 상태를 말하죠. 일체화 상태에 빠지면 다음과 같은 악영향이 생깁니다.

❖ **시야가 좁아진다.**

❖ 상대의 이야기가 귀에 들어오지 않는다.

❖ 냉정한 판단력을 잃는다.

일체화 상태는 원만한 인간관계를 무너뜨리고 분위기를 험악하게 만들며 문제를 더 꼬이게 하는 결과를 초래하기 쉽습니다. 감정에 휘둘리지 않으려면 분노와 같은 부정적인 감정으로부터 의식을 분리하는 능력, 즉 분리화 능력이 필요합니다.

감정과 의식을 분리하는 데는 그 자리에서 벗어나는 방법이 효과적입니다. 문제가 발생해서 분노를 억누르기 힘들어지면 화장실이나 옥상으로 자리를 피하세요. 아예 밖으로 외출하는 것도 좋습니다. 분노를 느끼게 한 대상으로부터 몸을 분리시키면 의식도 분노라는 감정에서 자연스레 분리됩니다.

분노를 느꼈다면 그 자리를 벗어나 분노가 미치지 않는 곳으로 피하세요. 그곳에서 냉정한 나를 되찾으세요.

즐거운 생각을 하면서
부정적인 감정을 몰아냅니다

『관자(管子)』는 고대 중국의 사상서 가운데 하나입니다. 중국 춘추 시대의 정치가이자 사상가인 관중管仲, 기원전 716~기원전 645 추정이 쓴 것으로 알려져 있죠.

『관자』에는 '분노를 느꼈을 때는 시(詩)만 한 것이 없다'는 말이 있습니다. 그 당시 사람들에게는 시를 읊거나 짓는 게 마음을 치유하는 방법 가운데 하나였던 것입니다.

즐거운 일을 하면 분노를 잊을 수 있습니다. 마음이 분노로 가득 찼을 때는 노래를 부르거나, 영화를 보거나, 운동을 하거나, 춤을 추며 즐겁게 시간을 보내는 편이 좋습니다. 즐거운 일을 할 때 우리의 의식은 즐거운 일로 향합니다. 분노라는 감정으로부터 의식을 떼어놓을 수 있죠. 그렇게 하면 심리학에서 말하는 분리화, 즉 부정적인 감정에서 의식을 분리할 수 있게 됩니다.

이렇듯 『관자』의 가르침에는 분노라는 감정에 둔감해지는 비결이 담겨 있습니다. **분노가 차오를 때 즐거운 일을 하면 냉정을 되찾을 수 있습니다.** 마음속으로 즐거운 일을 떠올리기만 해도 도움이 됩니다. 자기도 모르게 분노가 커지면 마음속으로 '좋아하는 사람과 함께 맛있는 음식을 먹는 나'의 모습을 상상하세요. 아주 잠깐의 즐거운 상상만으로도 분노는 금세 가라앉습니다.

> 즐거운 일을 하며 분노의 감정과 의식을 분리하세요. 즐거운 상상도 좋습니다. 분노는 생각보다 가볍게 사라지는 감정입니다.

화를 다스리는 사람이
인생을 다스릴 수 있습니다

일본 속담 중에 '한순간의 분노가 일생을 망친다'는 말이 있습니다. 일시적인 분노 탓에 냉정을 잃으면 인생 전체를 망가뜨릴 수 있다는 의미이지요.

예를 들어 무리한 일을 떠넘기는 상사에게 무심코 울컥해서 "나더러 그런 일까지 하라고요? 자기 생각만 하는 것도 정도껏 하세요!" 하고 소리를 지른 뒤 회사에 사표를 던진 사람이 있습니다. 그가 뒤늦게 '그 회사에 계속 다니고 싶었는데 상사한테 고함을 치면서 대들다니. 휴~. 그때 내가 왜 그랬을까?' 하고 후회해도 이미 엎질러진 물이죠.

부부 싸움을 하다가 아내에게 심하게 화를 내고 그
일을 계기로 사이가 틀어져서 이혼까지 하게 된 남성
도 있습니다. 나중에야 '그렇게까지 화낼 일이 아니었
는데 왜 그렇게 화를 냈을까? 휴~. 좀 더 냉정하게 대
화로 해결할 걸.' 하고 후회해도 이미 돌이킬 수 없는
일이죠.

이렇듯 분노라는 감정에는 큰 잠재 위험이 도사리고
있습니다. 그래서 **분노라는 감정에 조금 둔감해지는 자
세**가 필요하죠. 화나 났다고 해서 곧바로 감정을 표출
하기보다는 좋은 의미에서 조금 둔감해져야 합니다.
그것이 소중한 내 인생을 지키는 일입니다.

> 분노는 한순간에 인생을 파멸로 몰고 갑니
> 다. 감정에 둔감해지는 것이 나를 지키는
> 일이라는 사실을 잊지 마세요.

욕심이라는 빠져나오기
힘든 함정에 빠졌다면?

지나치게 애쓰지 않고
자기 호흡을 유지합니다

막중한 책임감으로부터
벗어나려고 노력하세요

우리는 업무를 처리할 책임, 성과를 낼 책임, 마감을 지킬 책임, 그리고 상사로서의 책임, 가장으로서의 책임, 부모로서의 책임 등 다양한 책임을 짊어진 채 살아갑니다.

대부분의 사람은 자기 책임을 다하기 위해 최선을 다합니다. 물론 주어진 책임을 완수하려는 마음가짐은 중요합니다. 하지만 책임을 다해야 한다는 중압감에 짓눌려 괴로움을 호소하거나, '해야만 한다'는 생각에 얽매여 숨 막히게 사는 것은 어리석은 일입니다.

조금은 책임감에 둔감해지는 편이 좋습니다. 책임을

다하려고 노력하되 **'꼭 해야만 한다'고 생각하기보다는 '내가 할 수 있는 최선을 다하자' 정도로 생각하는 편이 현명합니다.** 특히 책임감이 강해서 압박을 심하게 느끼는 사람일수록 반드시 '조금 실수하거나 실패해도 괜찮아. 내가 할 수 있는 선에서 최선을 다하자.' 정도로 생각하세요. 그래야 편안한 마음으로 자기 실력을 한껏 발휘할 수 있습니다.

'꼭 해야만 한다'는 압박감은 스스로 만들어낸 족쇄일 뿐입니다. 최선을 다하는 것에 만족하는 마음을 가지세요.

착실한 사람일수록
마음의 건강을 해치기 쉽습니다

고대 그리스의 역사가 헤로도토스 Herodotos, 기원전 484~기원전 425 추정는 이렇게 말했습니다.

. . . .

"늘 성실해야 한다고 생각하며 자신에게 즐거움과 편안함을 조금도 허락하지 않는다면 그 사람은 미쳐버리거나 자기도 모르는 사이에 마음이 불안정해질 것이다."

. . . .

정신 의학에서는 우울증에 걸리기 쉬운 사람에게 다음과 같은 특징이 있다고 말합니다.

❖   지나치게 성실하다.

❖   책임감이 강하다.

❖   상대의 기분에 민감하다.

이런 특징만 보더라도 헤로도토스의 말처럼 늘 성실
해야 한다고 생각하는 사람은 마음의 건강을 해치기
쉬울 듯합니다. 바꿔 말하면 조금 둔감해져야 정신적
으로 건강하게 살아갈 수 있습니다.

**자신에게 무리해 가면서까지 착실해질 필요는 없습
니다. 조금 여유를 가져도 괜찮습니다.**
책임감에 지나치게 사로잡힐 필요는 없습니다. 조금
무책임해져도 괜찮습니다.
상대의 기분을 지나치게 배려할 필요는 없습니다.
조금은 상대의 기분에 둔감해져도 괜찮습니다.
자기 자신에게 즐거움과 편안함을 허락하고 사소한
일에 둔감해지는 것. 그것이 마음의 건강을 지키는 당
연한 비결입니다.

다른 사람에게 성실한 사람이 되기보다 자
신에게 성실한 사람이 되십시오. 자신이 행
복해야 다른 사람도 행복합니다.

반성이 도를 지나치면
자신이 쓸모없는 사람처럼 느껴집니다

지나치게 **성실한 사람은 필요 이상으로 반성하는 경향이 있습니다.**

'나는 아직도 일이 서툴러. 노력이 부족한가 봐. 더 노력하자.'

'나는 왜 이 모양일까? 어떻게 저 사람이 힘들어하는 걸 전혀 눈치채지 못했을까?'

그런 사람들은 일이나 인간관계에 무슨 일이 생길 때마다 이렇게 반성합니다.

물론 반성해야 할 부분은 반성해야 합니다. 문제는 그 정도가 '지나치다'는 데에 있죠. 반성이 과하면 점점 자신이 쓸모없는 존재로 여겨져서 움츠러들게 되고, 자신감이 없어져 긍정적인 마음을 잃게 됩니다.

우리가 반성하는 이유는 더 나은 사람이 되기 위해서입니다. 그런데 지나치게 반성하면 더 나은 사람이 되기는커녕 '나는 정말 쓸모없는 사람이야'라는 생각만 강해지죠.

지나친 반성은 아니함만 못합니다. 차라리 조금 둔감해져야 자기 자신을 긍정적으로 바라보며 편안한 마음으로 살아갈 수 있습니다.

> 오랫동안 깊이 반성한다고 해서 이미 저지른 잘못이 사라지거나 하는 건 아닙니다. 반성은 스스로 깨우칠 수 있을 만큼만 적당하게 하면 됩니다.

자기를 낮추는 성실한 사람보다는
스스로 만족하는 둔감한 사람이 행복합니다

소설가 구니키다 돗포 國木田獨步, 1871~1908는
"성실함을 자랑으로 여기지 말라. 성실함은 그리 가치
있는 게 아니니."라고 말했습니다.

성실한 사람은 보통 자신의 성실함에 자부심을 갖고
살아갑니다. 착실히 일하고 성실하게 살아감으로써 세
상에 공헌한다고 생각하죠. 물론 사회 발전에 기여하
는 것은 사실이니 자랑스럽게 여길 만합니다.

다만 이런 사람들은 성실한 성격 탓에 자기 가치를
낮게 평가하는 경향이 있습니다. 아주 조금만 부족한
부분이 있어도 '나는 노력이 부족해. 세상에 조금도 도움이 되지 않아. 나는 쓸모없는 인간이야.' 하며 엄격한 삿대를 들이대기 쉽습니다. 실제로는 차고 넘칠 만큼 세상에 공헌하는 사람인데도 말이죠.

구니키다 돗포의 말에는 '성실한 성격 탓에 자신의 가치를 깎아내린다면 성실함을 자랑스러워하지 말라'는 가르침이 담겨 있습니다. 성실함에 큰 가치를 둔 나머지 더욱 성실해지려고 스스로 채찍질하는 것은 자기를 위하는 길이 아닙니다.

돗포는 **'사람은 조금 둔감하고 성실함을 자랑으로 여기지 않는 편이 오히려 행복하게 살아갈 수 있다'**는 말을 전하고 싶었던 게 아닐까요? 지나치게 성실한 사람보다는 둔감한 사람이 편안한 마음으로 행복하게 살아갈 수 있으니까요.

성실함은 훌륭한 덕목이지만 자기 자신의 행복한 삶을 위해서는 잠시 내려놓아도 좋습니다. 내가 행복하지 않은데 성실함이 무슨 소용이겠어요.

약점은 숨기기보다는
드러내는 편이 좋습니다

약점을 아무에게도 들키지 않으려고 꼭꼭 숨기는 사람이 있습니다. 사실은 자신이 없으면서도 "나한테 이 정도 일은 식은 죽 먹기죠." 하고 자신만만하게 말합니다. 실제로는 열등감으로 괴로워하면서도 "저는 열등감을 느낀 적이 단 한 번도 없어요. 그렇게 나약하지 않답니다." 하며 허세를 부립니다. 하지만 자신 있는 척하거나 허세를 부릴수록 마음은 괴로워집니다. 자신감이 점점 더 바닥을 치고 열등감만이 마음속을 가득 채우죠.

약점은 차라리 솔직히 드러내는 편이 좋습니다. 자

신이 없으면 없다고 솔직하게 고백해도 괜찮습니다. 열등감이 있으면 사실대로 털어놓아도 괜찮습니다. 자기 모습을 있는 그대로 드러내야 정신적으로 편안하게 살아갈 수 있습니다. 약점을 드러내지 못하는 사람은 약한 소리를 하는 게 부끄러운 일이라고 생각합니다. 상대에게 얄잡아 보이기 싫다, 무시당하고 싶지 않다는 마음이 강한 것이죠.

하지만 **창피하다, 얕보이고 싶지 않다, 무시당하고 싶지 않다는 감정에는 둔감해지는 편이 낫습니다.** 그런 감정에 둔감해지면 있는 그대로의 모습으로 솔직하고 당당하게 살아갈 수 있습니다.

부끄럽다는 감정을 숨기는 게 정말 부끄러운 일입니다. 자기 자신을 솔직히 드러낼 수 있는 용기를 가지세요.

욕심에 둔감한 사람이야말로
풍요로운 삶을 손에 넣을 수 있습니다

평온한 마음으로 자유롭고 풍요로운 삶을 누리려면 돈이나 명예, 칭찬에 둔감해지는 편이 좋습니다. 돈을 벌려고 죽을힘을 다해 노력할 필요도, 명예를 얻으려고 지나치게 집착할 필요도, 타인에게 칭찬받으려고 애쓸 필요도 없습니다.

물리학자 아인슈타인은 이렇게 말했습니다.

"나는 아무것도 바라지 않기에 행복할 수 있다. 돈도 전혀 신경 쓰지 않는다. 훈장이나 지위, 명예도 내게는 아무런 의미가 없다. 찬사도 원하지 않는다. 내게 기쁨을 주는 것은 일, 바이올린, 요트, 그리고 함께 일한 사람들에 대한 감사다."

아인슈타인은 돈이나 명예, 찬사를 얻으려고 물리학을 연구한 게 아니었습니다. 그는 원래 그런 데 둔감한 사람이었죠. 그래서 물리학 연구에 순수하게 열정을 쏟아부을 수 있었습니다. 또 돈이나 명예, 찬사에 둔감했기에 자신의 출세를 위해 함께 일한 사람들을 저버리지 않고 동료로서 좋은 관계를 유지하며 순수하게 감사할 수 있었습니다. 바이올린이나 요트 같은 취미 생활도 진심으로 즐길 수 있었죠.

아인슈타인의 말에는 **'인간답고 풍요로운 삶을 실현하는 비결은 욕심에 둔감해지는 것'**이라는 교훈이 담겨 있습니다.

돈, 명예, 찬사에 집착하지 마세요. 일에 순수한 열정을 쏟아부으면 돈과 명예, 찬사는 자연스레 따라옵니다.

돈, 명예, 찬사에 둔감해지면
사람들과 사이좋게 지낼 수 있습니다

불교에서는 사람들에게 집착하지 말라고 가르칩니다. 돈이나 명예, 찬사에 집착하면 주위 사람들을 불행하게 하고 나아가 자기 자신까지 불행하게 만들기 때문입니다.

돈이나 명예, 칭찬에 지나치게 집착하다 보면 수단과 방법을 가리지 않고 경쟁에서 앞서려고 합니다. 어떻게든 경쟁자를 짓밟고 우위에 서려고 하죠. 선두를 빼앗기면 질투심에 사로잡혀 경쟁자를 험담하며 발목을 잡으려고 합니다. 그렇게 해서 주변 사람들을 불행하게 만들죠. 사태는 거기에서 그치지 않습니다. 다른 사람에게 악행을 저지르면 상대는 복수의 칼날을 갑니다. 그리고 그 칼날이 돌아와 결국 자신도 불행해지고 말죠.

돈이나 명예, 찬사에 대한 집착을 버리면 다른 사람을 배려할 여유가 생깁니다. 다른 사람을 소중히 대하고 싶은 마음이 자연스레 생겨나죠. 다른 사람을 배려하면 나도 배려받을 수 있습니다. 다른 사람을 소중히 대하면 나도 소중히 대접받을 수 있습니다. 이렇듯 다른 사람을 배려하고 소중히 여기면 주변 사람들과 행복하고 사이좋게 지낼 수 있습니다.

불교의 '돈, 명예, 찬사에 집착하지 말라'는 가르침은 '돈, 명예, 찬사에 둔감해지라'로 바꿔 말해도 좋을 듯합니다.

> 타인을 위해, 그리고 자신을 위해 돈, 명예, 찬사에 둔감해지세요. 결국 사람들은 예민한 사람보다 둔감한 사람 곁에 남아 있게 마련입니다.

욕망에 사로잡히지 않는
행복한 바보가 되세요

러시아 소설가 톨스토이 Nikolaevich Tolstoy, 1828~1910의 작품 중에 『바보 이반』이라는 제목의 소설이 있습니다. 또 다른 러시아 소설가 도스토옙스키 Mikhailovich Dostoevsky, 1821~1881의 작품 중에는 『백치』라는 소설도 있습니다. 백치는 바보라는 말과 같은 의미입니다. 보통 바보라는 말은 머리가 나쁘다거나 어리석다는 부정적인 의미로 사용됩니다. 하지만 러시아에서는 꼭 부정적으로만 쓰이지는 않습니다.

바보 같은 사람들은 계산을 할 줄 몰라서 돈이나 명예, 찬사에 집착하지 않습니다. 그래서 거짓말을 하지 않고 정직하게 살아가죠. 있는 그대로의 순수한 모습으로 살아갑니다. 다른 사람을 욕하지도 않고, 다른 사람에게 상처 입히지도 않습니다. 소박하고 다정한 마음씨를 갖고 있죠.

러시아에는 이른바 '바보 같은 사람은 마음에 때가 묻은 보통 사람들보다도 천사에 가까운 신성한 존재'라는 전통적인 믿음이 있습니다. 그래서 바보 같은 사람일수록 행복의 진정한 의미를 아는 사람으로 여겨지곤 하죠. **러시아에서 말하는 바보 같은 사람은 욕망에 사로잡히지 않는 사람이라고도 바꿔 말할 수 있습니다.** 이해타산에 둔감한 사람일수록 행복의 진정한 의미가 무엇인지 잘 아는 것이죠.

둔감한 사람은 욕망으로부터 적절한 거리를 두고 살아갑니다. 순수하고 소박하게 살면서 내면의 목소리에 귀를 기울입니다.

병을 고통스럽게 여기기보다는
즐겁게 받아들이려 노력합니다

만성 질환은 쉽게 낫지 않는 고통스러운 병입니다. 육체적으로도 고통스럽지만 정신적으로도 대단히 고통스럽죠. 그 때문에 우울해하거나 비관에 빠지기도 합니다. 하지만 온종일 '힘들어. 너무 힘들어서 죽을 것만 같아.' 하는 생각에 잠겨 있다면 병세가 점점 더 나빠지지 않을까요?

병에 걸렸을 때는 정신적인 고통에 둔감해지는 편이 낫습니다. 다시 말해 병을 너무 심각하게 생각하지 말아야 합니다. 그리고 병을 바라보는 시각을 달리하는 게 좋습니다. 병을 긍정적인 시선으로 바라보면 병에 걸리는 것이 꼭 나쁘지만은 않다는 생각이 들기 시작합니다.

병에 걸리면 병원에 오래 입원해야 할 만큼 심각하지 않은 이상, 비교적 자기만의 시간을 많이 가질 수 있습니다. 일이나 인간관계에 들이는 시간이 줄어들다 보니 그만큼 자기 시간이 늘어나게 마련이죠. 그동안 읽고 싶었던 책을 읽거나, 느긋하게 음악을 감상하거나, 새로 취미 생활을 시작할 수도 있습니다. 병에 걸리면 자기만의 시간을 즐길 여유가 생기는 셈이죠.

또한 병에 걸리면 가족이나 친구, 동료들이 다정하고 소중하게 대해 줍니다. 가까운 사람들의 애정을 듬뿍 누릴 수 있다는 점도 병에 걸렸을 때의 장점 가운데 하나입니다.

목숨이 위태로울 만큼의 무거운 병이 아니라면 **병을 즐기겠다는 마음가짐으로 활기차게 생활해 보는 건 어떨까요?** 즐기는 만큼 고통도 줄어들고, 병도 더 빨리 나을 거예요.

병을 무조건 나쁘게만 받아들이지 마세요.
부정적인 생각은 병을 악화시키고, 긍정적
인 생각은 병을 낫게 합니다.

병을 계기로 더 창조적인 삶에
도전해 보세요

일본 메이지 시대의 시인인 마사오카 시키 正岡子規, 1867~1902는 도쿄대 재학 시절부터 시인으로서 주목을 한 몸에 받았습니다. 하지만 20대 후반에 폐결핵에 걸려 집에서 요양 생활을 하게 되었죠. 그리고 서른넷이라는 젊은 나이에 운명을 달리하고 말았습니다.

그러나 마사오카 시키는 자기 병을 비관하지 않았습니다. 그는 "병에 걸렸을 때는 병을 즐기겠다고 마음먹지 않으면 살아 있어도 아무런 즐거움이 없다."라고 말했습니다.

물론 폐결핵이라는 병은 견디기에 무척 고통스러웠

을 것입니다. 하지만 그는 고통을 참고 견디기만 한다
면 우울해질 뿐이라고 생각했습니다. 그래서 괴로움이
라는 감정에 둔감해져서 병을 즐기려 했죠. 병에 걸려
자유로운 시간이 늘어난 만큼 더 많이 시를 지었습니
다. 병을 즐겼기에 요양 생활을 하는 동안 수많은 시를
남길 수 있었습니다.

　마사오카 시키 말고도 **병에 걸린 뒤에 더 자기다운
삶을 살아가는 사람이 아주 많습니다.** 병을 계기로 더
창조적인 삶을 살아가는 사람도 많죠. 그런 사람들의
공통점은 '병을 즐기는 마음가짐'을 가지고 있다는 점
입니다.

　　병에 걸렸다면 나다운 인생이 무엇인지 생
　　각해 보세요. 지금도 도전할 수 있는 일이
　　충분히 많을 거예요.

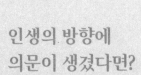

제 9 장

인생의 방향에
의문이 생겼다면?

둔감한 마음으로
나다운 삶을 일궈 나갑니다

스스로 자신의 한계를
정하지 않습니다

"이제 한계야."라고 말하는 사람이 있습니다. 하지만 스스로 한계라고 단정 지은 것일 뿐입니다. 조금만 더 깊이 파고들면 좋은 아이디어가 떠오를지도 모르는데 말이죠. 조금만 더 버티면 상황이 좋은 방향으로 급물살을 탈지도 모르는데 말예요.

한계인지 아닌지는 자기가 결정할 수 있는 게 아닙니다. 그런데도 스스로 한계라고 단정해 버리면 거기서 모든 게 끝나고 맙니다. 스스로 노력하거나 인내하기를 포기해 버리기 때문이죠. 그 결과 코앞까지 다가온 아이디어를 놓칠지도 모릅니다. 물론 상황을 개선

할 기회도 사라지고 말겠죠.

둔감한 사람은 한계를 느끼지 않습니다. 한계에 둔감해지면 훨씬 더 활기차게 살아갈 수 있죠.

미국의 발명왕 토머스 에디슨Thomas Edison, 1847~1931은 "사람들 대부분은 더 이상 아이디어가 떠오르지 않으면 한계를 느끼고 의욕을 잃는다. 그때부터가 본격적인 시작인데."라고 말했습니다.

에디슨도 좋은 의미에서 한계에 둔감한 사람이었던 듯합니다. 그 둔감함 덕택에 수없이 많은 위대한 발명을 한 게 아닐까요?

> 둔감한 사람은 한계가 와도 한계를 느끼지 않습니다. 한계를 모르는 사람은 언제든 더 성장할 수 있는 가능성이 있습니다.

실패를 실패로 받아들이지 않는
긍정적인 마음의 힘을 기르세요

디즈니 영화 제작자이자 디즈니랜드를 만든 월트 디즈니Walter Disney, 1901~1966는 "누구라도 나처럼 타석에 많이 서면 좋은 타율을 얻을 수 있다."라고 말했습니다.

여기에서 '타석에 선다'란 새로운 일에 도전한다는 의미입니다. 월트 디즈니는 젊은 시절, 자신의 가능성을 찾고자 수없이 많은 일에 도전했습니다. 하지만 처음에는 실패의 연속이었죠.

야구의 경우를 살펴볼까요? 처음 타석에 서는 타자는 좀처럼 안타를 치지 못합니다. 그런데 여러 번 타석에 서다 보면 점점 요령을 터득해 안타를 치게 되죠. 사업도 마찬가지입니다. 처음에는 번번이 실패하더라도 조금씩 요령을 쌓아 나가다 보면 마침내 큰 성공을 거둘 수 있습니다. 월트 디즈니 역시 수많은 실패를 거듭하면서 사업에 성공하는 비결을 터득해 나간 것이죠.

이렇듯 한두 번 실패했다고 해서 포기하지 말아야 합니다. 실패를 수차례 거듭하더라도 실패를 실패로 여기지 않는 둔감함이 필요합니다. **실패에 좌절하는 게 아니라 '이번 일을 계기로 노하우가 하나 더 쌓였어.' 하며 긍정적으로 받아들이면 크나큰 성공을 거머쥘 수 있습니다.**

> 역사적으로 위대한 업적을 쌓은 사람들은 모두 실패를 거듭했던 사람들입니다. 긴 실패 끝에 얻은 기적적인 성공이 오늘 우리에게 이어지는 것입니다.

포기하지 않고 나무를 찍다 보면
기회를 잡을 수 있습니다

'열 번 찍어 안 넘어가는 나무 없다'라는 속담이 있습니다. 안 될 것 같은 일도 여러 번 도전하면 반드시 성공한다는 의미입니다.

'나는 무슨 일을 해도 실수만 저질러.'
'내 능력은 이게 한계야.'
'나는 아무런 재능도 없어.'
이렇게 고민하고 주눅 들 필요는 없습니다. 포기하지 않고 꾸준히 도전하면 기회는 반드시 찾아오게 마련이니까요.

이때 **실패에 둔감해지자는 마음가짐**이 중요합니다. 일이 생각처럼 잘 풀리지 않더라도 신경 쓰지 않는 자세가 필요하죠. 한두 번 실패했다고 해서 '더는 못하겠어. 이게 한계야.' 하고 좌절한다면 더 이상 앞으로 나아갈 수 없습니다. 넘어가지 않을 듯 보이는 거대한 나무를 열 번 이상 찍으려는 시도 자체를 하지 않게 되죠.

한두 번 실패해도 굴하지 않고 열 번, 스무 번 도전해 나가려면 실패 하나하나에 낙담하지 않는 강인한 정신력이 필요합니다. 그런 강인한 정신력을 길러주는 것이 바로 둔감력입니다. '이 정도 실패쯤은 별것 아냐. 모기한테 물린 게 더 아프겠네.' 하는 정도의 둔감함을 갖춰야 합니다. 이런 둔감함을 기르면 언제나 당차고 다부지게 살아갈 수 있습니다.

한두 번의 실패는 누구나 합니다. 뛰어난 능력을 가진 사람은 다섯 번, 여섯 번의 실패를 견디고, 결국 성공하는 사람은 열 번, 스무 번 이상의 실패를 견뎌 냅니다.

둔감한 마음은 큰 꿈으로 도약하는
지렛대 역할을 합니다

꿈을 갖고 살아가는 것은 참 중요합니다. 꿈이 있기에 보람을 느끼며 살아갈 수 있습니다. '열심히 하자!' 하는 의욕도 꿈에서 솟아납니다. 꿈이 있어야 자기답게 밝은 마음으로 살아갈 수 있습니다. 그런 의미에서 꿈을 갖고 살아가는 게 정말 중요하죠.

그런데 꿈에는 지금 당장 손만 뻗으면 닿을 듯한 꿈과 당분간 이루기 힘들어 보이는 꿈이 있습니다. '주말에 친구랑 온천 여행을 가고 싶다.' 하는 소소한 꿈은 곧바로 이루어질 가능성이 높습니다. 하지만 '통역사가 되어 국제회의에서 활약하고 싶다.' 같은 꿈은 지금

당장 이루어질 가능성이 낮죠. 통역사로서 실력을 쌓
으려면 오랜 시간 노력해야 합니다. 국제회의 같은 큰
무대에서 활약하려면 많은 경험과 지식을 쌓아야 합
니다.

　꿈은 크면 클수록 당장 이루어질 가능성이 낮습니
다. 실현하기까지 오랜 시간이 필요하죠. 그 시간 동안
좌절하지 않고 꿈을 이루려고 노력하려면 둔감함이
필요합니다. **작은 실패에 연연하지 않고 큰 꿈을 향해
앞으로 나아가는 둔감력을 갖춰야 합니다.** 꿈이 크면
클수록 둔감력이 더 많이 필요하다는 사실을 잊지 마
세요.

　　큰 꿈을 이루는 데는 오랜 시간이 필요합니
　　다. 작은 위기에 좌절하지 않는 강인한 마
　　음의 힘, 둔감력을 길러서 반드시 꿈을 이
　　루기 바랍니다.

다른 사람의 의견은 반은 진지하게,
반은 둔감하게 듣습니다

타인의 부정적인 의견에 마음이 흔들려 자신감을 잃는 사람들이 있습니다. 예컨대 미술을 전공하는 어느 여대생은 졸업한 뒤 화가나 일러스트레이터가 되어 그림 그리는 일을 직업으로 삼고 싶다는 꿈을 갖고 있었습니다. 그런데 부모님은 "대학에서 미술을 배우고 있긴 하지만 너는 재능이 없어. 차라리 다른 직업을 찾아보는 게 더 낫지 않겠니?" 하고 충고했습니다. 대학 동기들도 "그림으로 먹고살긴 힘들지 않을까? 고생도 이만저만 아닐 테고. 다른 진로를 찾아보는 게 어때?" 하고 조언했습니다. 그 여대생은 주변의 부정적인 의견에 마음이 흔들렸고, 결국 꿈을 포기하고 말았습니다.

　물론 주변 사람들의 충고에는 귀를 기울여야 합니다. 다만 다른 사람의 의견을 모두 귀담아들을 필요는 없습니다. 앞선 사례처럼 다른 사람의 의견에 휘둘려 꿈을 포기하는 것은 바람직한 자세가 아닙니다.

　사람은 원래 다른 사람의 인생에 이러쿵저러쿵 참견하며 개입하기를 좋아합니다. 부정적인 조언만 하는 사람도 있죠.

　게다가 다른 사람의 의견을 따른다고 해서 인생이 성공한다는 보장은 없습니다. 반대로 다른 사람의 의견을 따르지 않는다고 해서 인생이 실패하라는 법도 없죠.

　다른 사람의 의견은 참고하는 선에서 그쳐야 합니다. 결국 자기 삶의 방향을 결정할 사람은 자기 자신이니까요. 다른 사람의 의견은 절반은 진지하게 귀 기울이고, 절반은 둔감하게 흘려듣는 편이 좋습니다.

자기 삶의 방향을 결정하는 사람은 결국 자기 자신이라는 사실을 잊지 마세요. 내 마음을 따르는 인생이 성공한 인생입니다.

다른 사람의 의견에는 둔감해지고,
마음속 목소리에는 민감해집니다

애플을 창업한 스티브 잡스 Steve Jobs, 1955~2011
는 이렇게 말했습니다.

"다른 사람의 의견이 아니라 마음속의 진정한 목소리에 귀
기울여라. 마음속 직감을 따를 용기를 가져라."

자신의 꿈을 주변에서 열렬히 응원해 주지 않을지도
모릅니다. "너한테는 무리야.", "네 능력을 뛰어넘는
일이야." 하며 부정적으로 말하는 사람이 있을지도 모
르죠.

그런 말을 들으면 마음이 흔들려서 '역시 내가 하기에는 무리겠지?', '내 능력으로는 한계가 있을 거야.' 하고 자신감을 잃을지도 모릅니다. 그러나 이렇게 다른 사람의 의견에 마음이 흔들리면 영원히 자기가 하고 싶은 일을 할 수 없습니다. 그래서 스티브 잡스는 다른 사람의 의견보다 '이것을 하고 싶다'는 마음속의 간절한 바람을 소중히 하라고 말한 것이죠.

다른 사람의 의견에는 둔감해지고 자기 마음속에서 들려오는 목소리에 민감해져야 합니다. 그와 반대로 자기 마음속 목소리에는 둔감하고 다른 사람의 의견에만 민감하게 반응한다면 꿈을 이룰 기회는 영영 돌아오지 않습니다.

결국 나는 내가 나아가야 할 길을 알고 있습니다. 다른 사람의 의견보다는 마음속 목소리에 귀 기울이세요.

둔감한 사람일수록 푹 자고
아침에 상쾌하게 일어납니다

밤에 뒤척이며 쉽게 잠들지 못하는 사람이 있습니다. 잠자리에 누우면 신경 쓰이는 일이 머릿속에 떠올라 눈이 말똥말똥해지죠. 일, 돈, 인간관계 등 걱정되고 신경 쓰이는 일이 한둘이 아닙니다.

하지만 그 때문에 잠이 부족하면 다음 날 아침에 상쾌한 기분으로 일어날 수 없습니다. 일하는 동안에도 수면 부족으로 머리가 멍해서 평소라면 하지 않을 어처구니없는 실수를 저지르게 됩니다. 신경이 날카로워져서 주변 사람들과 불필요한 일로 충돌할 수도 있죠. 그러면 신경 쓰이는 일이 더더욱 늘어납니다. 잠자리에 누워 뒤척이는 시간이 더 길어지고 말죠.

잠자리에 들 때는 둔감해져야 합니다. **고민거리가 있어도 깊이 생각하지 말아야 합니다.** 둔감한 사람일수록 빨리 잠들고 푹 잘 자서 아침을 상쾌하게 맞이합니다. 푹 잘 잤으니 낮에도 활기 넘치게 생활할 수 있고 머리가 맑아서 집중력도 강해집니다. 이처럼 낮에는 활력 있게 생활하고 밤에는 숙면하는 비결은 바로 고민에 둔감해지는 것입니다.

잘 자는 일은 잘 먹는 일 만큼이나 매우 중요합니다. 숙면을 방해하는 고민과 걱정거리는 당장 머릿속에서 비워 버리세요.

숙면을 위해 자기 전에는
몸과 마음의 긴장을 풀어줍니다

빨리 잠들고 깊이 자는 비결은 자기 전에 둔감해지는 것입니다. 자기 전에 둔감해지려면 어떤 방법이 좋을까요? 예를 들면 밤에 미지근한 물로 느긋하게 목욕합니다. 자기 전에 클래식 같은 차분한 음악을 듣는 것도 좋습니다. 조용히 명상에 잠기는 시간을 마련해도 좋습니다.

자기에게 맞는 방법을 찾아 몸과 마음의 긴장을 풀어줘야 합니다. **긴장을 풀어 주는 게 곧 둔감해지는 것이기 때문이죠. 긴장을 풀고 몸과 마음에 힘을 빼면 마음속에서 고민거리가 사라집니다.** 마음이 차분해지면서 기분 좋은 평온함이 온몸으로 퍼집니다. 신체의 리듬도 느긋하게 변화합니다. 부교감 신경이 활성화되면서 혈압이 내려가고 호흡이 느려져 수면 모드로 들어갑니다. 그 상태에서 잠자리에 들면 스르륵 잠이 들어 푹 잘 수 있죠.

자기 직전까지 일을 하거나 일 생각에 빠져 있으면 생각이 많아져서 몸과 마음이 이완되지 않습니다. 밤 늦게까지 컴퓨터 앞에 앉아 있거나 스마트폰으로 누군가와 문자를 주고받으면 심신이 수면 모드로 들어가지 않습니다.

잠을 자기 전에는 심신을 자극하는 일을 멀리하고 긴장을 풀어줘야 합니다. 몸과 마음을 둔감하게 만들 수 있는 자기만의 방법을 찾는 것이 숙면의 비결입니다.

늦게까지 일이나 생각을 붙들고 있는 건 잠을 포기하는 행위입니다. 잠들기 전에는 심신에 자극이 되는 일을 피하세요.

냉정한 세상으로부터 조금만
둔감해지는 연습을 하세요

🌰　_____ "세상은 냉정해."라고 말하는 사람이 있습니다. 틀린 말은 아닙니다. 세상에 태어나 자신의 꿈을 이루고 자기다운 삶을 실현하려면 수없이 많은 냉혹한 현실과 마주쳐야 합니다. 쉽게 이뤄지는 일은 하나도 없죠. 벽에 부딪히거나, 위기를 맞거나, 실패할 때도 있습니다. 뜻대로 풀리지 않는 일도 아주 많습니다. 만만히 여기다가는 현실의 냉엄함을 뼈저리게 느끼게 됩니다.

하지만 세상의 냉혹함을 너무 심각하게 받아들이지 않는 자세도 중요합니다. 혹독한 현실에만 시선이 쏠려 있으면 세상을 향해 한 발짝 내디딜 용기가 나지 않습니다. 꿈을 향해 도전하려는 마음이 주춤하게 되죠.

세상이 냉혹하다는 것은 틀림없는 사실입니다. 하지만 그 현실을 지나치게 심각하게 받아들일 필요는 없습니다. 냉엄한 현실을 둔감하게 바라봐야 합니다. 혹독한 현실과 마주해도 "어떻게든 되겠지, 뭐." 하며 긍정적인 마음을 가져야 합니다. 마음 한쪽에 이런 둔감함을 갖춰야 꿈을 향해 힘차게 날아오를 수 있습니다. 넓은 세상으로 나아가 활약할 수 있습니다. 둔감력을 갖추면 냉정한 현실에 대한 두려움에서 벗어날 수 있습니다.

냉정하고 차가운 세상에서 살아남는 가장 좋은 방법은 스스로 둔감해지는 것입니다. 둔감한 사람은 현실에 대한 두려움에서 벗어나 자신만의 날개를 펼 수 있습니다.

옮긴이 정세영

대학에서 일본어를 전공하고 일본계 기업과 디자인 회사에서 사회 경험을 쌓았다. 삶의 지혜
가 담긴 책과 시야를 넓혀 주는 언어를 스승처럼, 친구처럼 여겨 왔다. 지금은 바른번역 회원
으로 활동하고 있으며, 책과 언어에 둘러싸여 저자와 독자의 징검다리 역할에 전념하고 있다.

신경 쓰지 않고 나답게 사는 법

둔감력 수업

초판 1쇄 발행 2019년 3월 27일
초판 2쇄 발행 2019년 4월 18일

지은이 우에니시 아키라
옮긴이 정세영
펴낸이 김선식

경영총괄 김은영
책임편집 이호빈
디자인 김누 **크로스교** 봉선미 **책임마케터** 최혜령
콘텐츠개발5팀장 이호빈 **콘텐츠개발5팀** 봉선미, 김누, 김다혜, 권예경
마케팅본부 이주화, 정명찬, 최혜령, 이고은, 이유진, 허윤선, 김은지, 박태준, 배시영, 박지수, 기명리
저작권팀 이시은
경영관리본부 허대우, 박상민, 윤이경, 김민아, 권송이, 김재경, 최완규, 손영은, 이우철, 이정현

펴낸곳 다산북스 **출판등록** 2005년 12월 23일 제313-2005-00277호
주소 경기도 파주시 회동길 357 3층
전화 02-704-1724
팩스 02-703-2219 **이메일** dasanbooks@dasanbooks.com
홈페이지 www.dasanbooks.com **블로그** blog.naver.com/dasan_books
종이 (주)한솔피앤에스 **출력·인쇄** (주)민언프린텍

ISBN 979-11-306-2115-9 (03190)

• 책값은 뒤표지에 있습니다.
• 파본은 구입하신 서점에서 교환해드립니다.
• 이 책은 저작권법에 의하여 보호를 받는 저작물이므로 무단 전재와 복제를 금합니다.
• 이 도서의 국립중앙도서관 출판시도서목록(CIP)은 서지정보유통지원시스템 홈페이지(http://seoji.nl.go.kr)와
  국가자료공동목록시스템(http://www.nl.go.kr/kolisnet)에서 이용하실 수 있습니다. (CIP제어번호 : CIP2019009347)

다산북스(DASANBOOKS)는 독자 여러분의 책에 관한 아이디어와 원고 투고를 기쁜 마음으로 기다리고 있습니다.
책 출간을 원하는 아이디어가 있으신 분은 이메일 dasanbooks@dasanbooks.com 또는 다산북스 홈페이지 '투고
원고'란으로 간단한 개요와 취지, 연락처 등을 보내주세요. 머뭇거리지 말고 문을 두드리세요.